일상이 고고학

나 혼자 국립중앙박물관

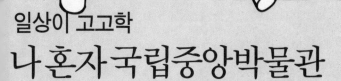

일상이 고고학

나 혼자 국립중앙박물관

황윤 역사 여행 에세이

책읽는고양이

"사유의 방, 이번 여행의 시작이다." ©Park Jongmoo

프롤로그

국립중앙박물관을 찾는다. 2021년 11월 상설전
시실 2층에 '사유의 방'이라는 전시실을 개관했다
는 이야기를 들었기 때문. 한국에서 박물관을 좋아
하는 사람들 중에서는 내가 조금 늦은 편이고, 이미
SNS에는 이번에 개관한 '사유의 방'을 찍은 사진이
매일같이 올라오는 중이다.

'사유의 방'이라. 사유(思惟)란 "대상을 두루 생
각하는 일", "개념, 구성, 판단, 추리 따위를 행하는
인간의 이성 작용"이라는 사전적 의미가 있으니, 생
각하는 방이라는 의미일까? 박물관 입구를 지나 곧
장 오른편에 위치한 에스컬레이터를 타고 2층으로
올라가자 등장하는 전시실 입구.

국보 78호로 불리던 반가사유상. 국립중앙박물관. ©Park Jongmoo

국보 83호로 불리던 반가사유상. 국립중앙박물관. ©Park Jongmoo

안으로 들어가니 어둡고 긴 복도를 따라 내부로 이동하도록 디자인되어 있군. 훌륭한 공간 디자인 덕분에 마치 심연의 바닥으로 서서히 빠져드는 느낌이다. 쭉쭉 빨려 들어가듯 안으로 걸어가, 짙은 황토색을 띤 시원하게 열린 장소에서 드디어 '사유의 방' 주인공을 만나게 된다. 경사가 거의 느껴지지 않을 정도로 미세하게 기울어진 바닥을 따라 천천히 걸어가니, 어느덧 나를 맞이하는 두 주인공. 삼국시대를 대표하는 국보 '금동반가사유상' 두 점이다.

가까이 다가갈수록 나를 더욱 반갑게 맞이하는 두 분의 부처. 이미 반가사유상 주변에는 수많은 사람들이 둥글게 모여 있는데, 놀라운 광경이군. 마치 K-pop 아이돌 같은 인기라 할까? 한편으로는 불경에서 묘사한 2500년 전 부처 주변으로 제자들이 모여 있는 장면을 그대로 재현한 것 같은 느낌도 든다. 부처를 눈으로만 담아야 했던 과거와 달리 지금은 21세기답게 대중들이 스마트폰으로 부처의 사진을 찍는 모습이 조금 다를 뿐. 이렇게 '사유의 방'은 단순히 반가사유상과 잘 디자인된 전시실뿐만 아니라, 이 공간에 와 있는 수많은 사람들까지 합쳐지면서 비로소 완성된 모습을 보인다.

꿈과 같은, 그러니까 현실 같지 않은 장면에 감탄

하며 한동안 두 반가사유상을 바라보니, 두 분의 미소가 오늘따라 더욱 내 맘에 잘 다가왔다. 루브르 박물관의 모나리자 미소보다 아름답다. 아름다워! 어느덧 내 입가에도 미소가 옅게 떠오르네.

염화미소(拈華微笑). 말로 통하지 아니하고 마음에서 마음으로 전하는 일이라는 뜻. 부처님이 설법 중 연꽃 한 송이를 대중에게 보이자 마하가섭만이 그 뜻을 깨닫고 미소를 지으므로 그에게 불교의 진리를 주었다고 하는 데서 유래하지. 부처님이 이심전심(以心傳心)으로 불법의 진리를 전해준 이 이야기에서처럼 반가사유상의 미소를 보고 동시에 자연스럽게 미소 짓는 나를 느끼며, 이 공간에서 잠시 마하가섭이 된 기분을 만끽한다.

차례

1
반가사유상

국보의 의미

나를 반겨주는 두 반가사유상이 한국의 국보이
자 삼국 시대를 대표하는 유물인 만큼 과연 국보가
무엇인지부터 알아보기로 하자.

문화재보호법 제23조(보물 및 국보의 지정)
① 문화재청장은 문화재위원회의 심의를 거쳐
유형문화재 중 중요한 것을 보물로 지정할 수 있다.
② 문화재청장은 제1항의 보물에 해당하는 문화
재 중 인류문화의 관점에서 볼 때 그 가치가 크고 유
례가 드문 것을 문화재위원회의 심의를 거쳐 국보
로 지정할 수 있다.
③ 제1항과 제2항에 따른 보물과 국보의 지정 기

준과 절차 등에 필요한 사항은 대통령령으로 정한다.

한국의 문화재보호법 중에는 보물 및 국보를 지정하는 내용이 있다. 이처럼 보물과 국보가 되는 것은 지금까지 남아 있는 여러 문화재 중 국가에 의해 그 가치를 인정받았음을 의미한다. 이에 박물관이나 유적지를 방문하여 보물 또는 국보라는 내용을 보게 되면 누구든지 다른 유물보다 더 관심을 가지고 보는 것이다. 이는 곧 보물과 국보가 지닌 뜻을 한국인 대부분이 어느 정도 이해하고 있다는 의미이기도 하다.

그중에서도 국보는 문화재보호법 제23조 ②항을 보면 알 수 있듯이 보물보다도 그 가치가 높은 것을 따로 모아 지정한 문화재다. 음. 그 개념이 약간 신라 시대 신분제인 진골과 성골 개념처럼 느껴지기도 하는군. 같은 왕족 중에서도 진골 위에 더 높은 계급인 성골이 있었던 것처럼 보물보다 그 가치가 더 높은 유물은 국보가 된다는 의미.

이러한 한국의 국보, 보물 시스템은 사실 일본으로부터 영향을 받은 것이다. 일본은 문화재보호법에 따라 중요문화재(重要文化財)를 지정하고, 그중에서 더 가치를 인정받은 것을 국보(國宝)라 하고 있기 때문. 즉, 한국의 보물 개념이 일본에서는 중요문화재이고 그 위에는 두 국가 모두 국보가 존재하고 있다. 얼핏 한자가 다른데, 한국은 국보(國寶)이고 일본은 국보(國宝)다. 그러나 寶와 宝 모두 같은 의미이자 寶의 속자가 宝이기에 실질적으로 같은 한자라 봐야겠지.

그렇다면 어떤 과정을 통해 국보와 보물 개념이 일본으로부터 한반도에 도입된 것일까?

국보의 탄생

18~19세기에 유럽의 많은 나라들이 자국의 문화재를 보호하는 법안을 적극적으로 만들기 시작했다. 예를 들면 프랑스는 1789년 대혁명 이후 귀족이나 교회가 소유하고 있던 문화재와 예술 작품을 국가로 대거 귀속시키면서 1810년에는 역사적 기념물(Monuments historiques) 목록을 작성하도록 했으니, 이것이 문화재 관련 제도의 시작이었다. 그리고 1887년 역사적, 예술적 가치를 가진 기념물 및 예술품 보존에 관한 법률이 제정되면서 지정 문화재 개념이 도입되기에 이른다. 이는 비슷한 시점 영국, 독일 등도 마찬가지였다.

이러한 세계적 흐름 속에서 미국인 어니스트 페

놀로사(Ernest Francisco Fenollosa, 1853~1908년)는 하버드대학에서 철학과 사회학을 공부한 후 1878년 일본을 방문했다. 당시 일본은 오랜 쇄국 정책을 펼치다 1854년 미국의 무력시위에 굴복하여 강제로 개방되었고, 그로 말미암아 265년을 지속한 에도(江戶) 막부에 의한 정치도 1867년을 기점으로 막을 내린 상황이었다. 이러한 시대 상황 속에서 과거의 불교 문화재 및 일본 옛 유물을 실패한 구시대 것으로 인식하여, 오히려 자국민인 일본인에 의해 크게 훼손당하는 일이 무척 잦았다. 마치 한반도 역사를 볼 때 고려에서 조선으로 넘어오면서 수많은 불교 문화재를 새 시대 유교 철학 기준으로 훼손시켰던 것과 유사한 상황이었던 것. 이런 상황을 안타깝게 여겨 어니스트 페놀로사는 외국인임에도 일본 문화재를 보호하는 일에 적극 앞장서게 된다.

그리고 1887년, 어니스트 페놀로사의 노력으로 일본 전통 미술을 보호하기 위한 교육을 하는 도쿄 미술학교가 설립되었고 더 나아가 문화재보호법의 전신인 '옛 사찰 보존법(古社寺保存法)'(1897년)까지 제정되기에 이른다. 이때 비로소 국보(national treasures = 國宝)라는 용어를 일본 법령에서 처음 사용하게 된다. 사실상 국보의 탄생이라 하겠다. 이후 1929년이 되자 일본은 기존의 '옛 사찰 보존법' 대신 '국보 보존법(國宝保存法)'을 제정하여 1950년까지 역사적으로 의미 있는 여러 유물들을 국보로 지정하여 보존했다.

한편 일본은 미국이 일본에 했던 방식을 한반도에 그대로 투영하기 시작했다. 1876년 일본은 무력을 동원해 강제로 강화도 조약을 맺은 후 조선을 개방시켰고, 이후 일본의 영향력 아래 한반도를 두기 위한 노력 끝에 1910년에 대한제국을 병합했으니까. 이후 1933년 12월 5일에 일본은 조선의 문화재를 보호한다는 명목으로 '조선보물 · 고적 · 명승 · 천연기념물 보존령'이라는 법을 제정하고, 12월 14일에는 보물 · 명승고적 · 천연기념물보존회를 설립한다. 그 결과 조선총독부 내무국장을 위시로 25명의 보존회 인원들은 1934년 한반도의 지정 문화재를 처음 발표하니, 이때 보물(寶物)이라는 용어를 사용하게 된다. 이처럼 20세기 초반만 하더라도 일본의 중요 문화재는 국보로, 한반도의 중요 문화재는 보물로 지정되었다.

그러나 제2차 세계 대전에서 패하면서 일본은 한반도에서 물러났고, 이를 대신하여 미국이 한반도 남부, 즉 대한민국에 큰 영향을 주는 시대가 열렸다. 그럼에도 불구하고 국가 제도, 법령 등에 있어 일본의 움직임과 변화에 따라 한국도 비슷한 제도, 법령을 구비하는 경향이 2000년 초반까지 쭉 이어졌다. 한편 일본은 1950년을 기준으로 중요 문화재라는 용어를 도입하여 기존의 국보 중 특별히 중요한 유물은 국보로, 나머지는 중요 문화재로 지정하는 새로운 문화재보호법을 도입하여 1951년부터 운영했다. 즉, 기존의 국보 중 A+급 유물은 국보로 재지정하고, 과거에는 국보였음에도 A급 유물이라면 중요 문화재로 구분하는 형식이 만들어진 것이다. 그러자 한국도 이와 유사하게 1962년 새로운 문화재보호법을 제정하면서 기존의 유물을 국보와 보물로 구분하여 재지정하게 된다.

이처럼 국보와 보물이라는 지정 문화재의 2중 시스템은 일본의 영향을 받아 만들어진 제도라 하겠다. 물론 일본 역시 한 미국인의 노력 덕분에 도입된 제도를 점차 발전시킨 것이기는 하다만.

자~ 국보 제도화 이야기까지 했으니 이제 다음 주제로 넘어가볼까?

두 반가사유상의 이름

　국보에 대한 생각을 정리하다 다시금 두 반가사유상을 살펴보니, 훌륭한 작품인 만큼 매번 볼 때마다 새로운 느낌으로 다가온다. 다만 같은 포즈, 즉 볼 아래 부분에 손가락을 대고 의자에 걸터앉아 왼쪽 다리는 내리고 그 무릎 위에 오른쪽 다리를 얹은 자세는 동일하지만, 세부적인 디자인으로 들어가면 분명 두 반가사유상이 조금 다른 모습을 보이고 있지.

　그런데 두 반가사유상의 다른 부분을 비교하며 설명하려 하자, 곧바로 큰 문제에 부딪쳤다. 각각의 반가사유상을 부르던 명칭이 갑자기 사라졌기에 당장 어떻게 구별하여 불러야 할지 고민이네. 그렇다고 정면에서 바라볼 때 왼쪽에 위치한 반가사유상, 오른쪽에 위치한 반가사유상이라 구별할 수도 없는 노릇이고.

이런 문제가 발생한 이유는 2021년 11월 19일을 기준으로 국가지정문화재 지정 당시 순서대로 부여했던 지정 번호를 앞으로 표기하지 않도록 하는 '문화재보호법 시행령' 과 '문화재보호법 시행규칙' 이 시행되었기 때문이다. 지정 번호는 가치의 높고 낮음을 표시한 것이 아니고 지정된 순서를 의미한다. 그럼에도 사람들이 국보 '몇 호' 할 때의 숫자를 단순한 관리 번호가 아닌 가치 서열에 따른 순위로 오해하는 경향이 있다보니, 이를 과감히 없애기로 결정한 것. 그 결과 1962년 국보 시스템이 정비된 이후 각각 국보 78호 반가사유상과 국보 83호 반가사유상으로 불리며 무려 60여 년을 지냈는데, 2021년이 되어 기존의 지정 번호가 사라진 채 둘 다 국보 반가사유상이 되고 말았다.

국립중앙박물관에서도 고민 끝에 두 국보 반가사유상을 구별할 애칭을 SNS를 통해 공모했다. 하지만 박물관 측에서도 6034건의 공모 이름 중 최종 심사 결과 대상을 뽑지 못할 정도로 쉽지 않은 일이었나보다. 그뿐만 아니라 대상 아래인 금상마저 기존의 국보 78 · 83호를 '반디 · 반야, 해아림 · 별아

좌우에 탑 형태로 비죽하게 올라온 디자인의 보관(寶冠)을 쓰고 있는 반가사유상. 그러므로 이 책에서는 '탑형보관 반가사유상' 이라 부르겠다.
©Park Jongmoo

림, 금비·신비'로 공모한 3건이 당선되는 등 최종 한 개의 당선작을 결정하지 못했다.

그렇다면 나는 지금부터 이 두 반가사유상을 다음과 같이 구별하고자 한다.

우선 정면에서 왼쪽에 있는 기존의 국보 78호 반가사유상의 경우 매우 화려한 보관(寶冠)을 쓰고 있는데, 보관의 좌우에 탑 형태로 비쭉하게 올라온 디자인이 눈에 띈다. 즉, 자세히 보면 두 개의 탑을 장식한 보관이라 하겠다. 이처럼 탑형보관을 쓴 반가사유상이니, 이 책에서 나는 해당 작품을 '탑형보관 반가사유상'이라 부르겠다.

다음으로 정면에서 오른쪽에 있는 기존의 국보 83호 반가사유상의 경우 머리에 쓴 보관이 얼핏 개성적으로 보인다. 본래 보관은 부처나 보살의 머리에 장식하는 일종의 모자로서 화려한 장식이 있는 경우가 대부분인데, 이 부분을 간략하게 반원 세 개를 이어 표현했기 때문이다. 이것을 마치 둥근 산 세 개를 붙인 형태 같다 하여 삼산관(三山冠)이라 부른다. 물론 삼산관은 고구려 고분인 감신총(龕神塚)에도 삼산관을 쓴 인물이 등장하는 등 삼국 시대에 유행하던 모자 디자인 중 하나이기도 했다. 이처럼 삼산관을 쓴 반가사유상이니, 이 책에서 나는 해당 작품을 '삼산관 반가사유상'이라 부르겠다.

머리에 삼산관(三山冠)을 쓰고 있는 반가사유상. 그러므로 앞으로 이 책에서는 삼산관 반가사유상이라 부르겠다. ©Park Jon 2008

이처럼 국보의 지정 번호를 없앤다는 정부의 지침에 맞추어 나 역시 가능한 한 지정 번호를 언급 안하는 방법으로 이야기를 이어가보려 한다. 사실 '탑형보관 반가사유상', '삼산관 반가사유상' 이라는 명칭은 학계에서도 종종 쓰는 용어이기도 하다. 나도 국보 번호를 이야기하지 않고자 노력해보겠지만 100% 장담은 못하겠다. 아직 입에 익숙하지 않아서 말이지. 이에 다시 한 번 정리하자면, 이번 책에서 부를 명칭은 기존의 국보 78호 반가사유상은 '탑형보관 반가사유상' 이고 기존의 국보 83호 반가사유상은 '삼산관 반가사유상' 이다.

금과 청동의 결합

각각의 반가사유상은 청동으로 제작된 몸체에 금을 칠하여 완성시켰다. 현재는 국보 83호라 불렸던 '삼산관 반가사유상'의 경우 금칠이 아직도 상당 부분 남아 있으나, 국보 78호라 불렸던 '탑형보관 반가사유상'은 상당 부분 벗겨져서 자세히 봐야 조금 드러날 정도이다. 이에 두 반가사유상을 함께 보다보면 한쪽은 금색으로, 한쪽은 청동의 푸른빛으로 대비되듯 다가오기도 한다. 그럼에도 처음 제작될 당시에는 두 반가사유상 모두 지금보다 훨씬 더 금빛으로 빛나고 있었을 것이다.

이는 곧 두 반가사유상이 당시 최고 수준의 청동 주조 기술과 금을 생산하여 입히는 기술의 결합으로 완성된 작품임을 의미한다. 무엇보다 반가사유 상은 단순히 서 있거나 앉아 있는 일반 불상과 달리 좌우 균형이 맞지 않고 포즈도 무척 복잡해서 주조 과정의 난이도가 훨씬 높은 편이었다. 더 나아가 마치 살아 있는 듯 보이는 표정과 미소, 손가락과 발가락 하나하나의 묘사, 보관과 옷 등의 세세한 표현을 살펴보면 상당히 뛰어난 장인이 노력하여 제작했음을 알 수 있다. 이로 미루어 볼 때 삼국 시대에 마치 미켈란젤로급으로 인정받던 최고 장인이 제작에 참가했을 텐데, 아쉽게도 이름을 알 수 없군.

그런데 이처럼 복잡한 포즈와 디자인은 한반도에서 갑자기 창조되어 만들어진 것은 아니었다. 중국과의 문물 교류로 인해 반가사유상을 한반도에서 적극적으로 받아들임으로써 제작된 것이기 때문이다. 이에 학계에서는 전체적인 디자인을 바탕으로 국보 78호라 불리던 '탑형보관 반가사유상'은 중국 동위(東魏, 534~550년) 불상 디자인의 영향을 받아 6세기 중후반쯤 제작되었고, 국보 83호라 불리던 '삼산관 반가사유상'은 중국 북제(北齊, 550~577년) 불상 디자인의 영향을 받아 7세기 초반쯤 제작된 것으로 추정하고 있다. 마침 동위와 북제 모두 한반도와 가까운 중국 동북쪽 지역에 자리 잡은 국가이기도 했고.

잠깐. 이렇게 상세한 이야기를 시작한 김에 한반도의 청동기 제작 발전 과정과 더불어 금이 도입되어 활용된 시기까지 쭉 살펴본 뒤 다시 반가사유상을 보도록 할까? 사실상 앞서 설명했듯 청동과 금의 결합이 다름 아닌 금동반가사유상이니까. 또한 하나하나의 기술적 발전 중에는 선진 문물을 받아들여 우리 것으로 만드는 과정이 있었기에 고대 한반도와 타 지역 간의 교류와 더불어 동시대 국가 발전 모습까지 확인 가능하다.

　그래. 그렇다면 이번 기회에 국보 금동반가사유상이 완성된 시점까지의 한반도 모습을 금과 청동기를 중심으로 읽어보려 한다. 마침 국립중앙박물관에 전시 중인 유물로만 필요한 내용의 84% 정도를 채울 수 있을 것 같으니까. 좋아. 한번 도전해보자.

2

청동기의 시작

신석기와 구석기

한반도에 처음으로 등장하는 금과 청동기를 찾기 위해 우선 '사유의 방'에서 나와 1층으로 내려가 상설전시실 입구에서 바라보아 오른쪽에 위치한 선사·고대관으로 들어간다. 이곳에는 한반도에 인류가 살기 시작한 시점의 내용이 전시되어 있으니, 소위 구석기와 신석기가 바로 그것이다.

전시실로 들어서면 긴 통로를 따라 '울주 대곡리 반구대 암각화' 사진이 배경으로 있고, 통로의 끝에 다다르면 커다란 주먹도끼 하나가 유리 전시대 안에서 마치 주인공처럼 등장한다. 설명 패널에 따르면 이 주먹도끼는 경기도 연천 전곡리 선사 유적에서 2007년에 출토된 유물이라고 적혀 있군. 즉, 단순

경기도 연천 전곡리 선사 유적에서 2007년에 출토된 주먹도끼.
©Park Jongmoo

한 돌이 아니라 인위적으로 삐쭉하게 깎아서 사용한 돌이라는 의미. 고대 인류는 이와 같은 주먹도끼를 한 손에 쥔 채 짐승을 사냥하고 가죽을 벗기고, 땅을 파서 풀이나 나무를 캐는 등 다양한 용도로 사용했다. 이때만 해도 인류는 정착이 아닌 수렵과 채집을 통한 삶을 이어갔으니, 대가족 단위로 모인 집단이 먹거리를 찾아 끊임없이 여러 장소로 이동했다.

연천 전곡리 선사 유적 주먹도끼 옆에 있는 문 안으로 들어서면 비로소 구석기 유물을 가득 전시하고 있는 공간을 만날 수 있다. 가장 가운데에는 한반도 지도 형태에 여러 지역에서 출토된 주먹도끼가 전시되어 있으며, 이 외에도 벽면에는 다양한 석기와 함께 해당 석기의 사용 방법 등이 잘 설명되어 있군. 하지만 아무리 눈을 크게 뜨고 살펴보아도 이곳에서는 청동기나 금이 전혀 보이지 않는다. 주먹도끼를 사용하던 한반도 구석기 시절에는 청동기 및 금을 아무도 사용하지 않았던 모양.

구석기 공간을 지나 내부로 한 단계 더 들어가면 신석기를 전시한 공간이 나타난다. 신(新)석기는 말 그대로 새로운 석기라는 의미다. 당연히 구(舊)석기는 오래된 석기라는 의미겠지. 신석기 시대가 되면 여전히 돌을 주요 도구로 사용하긴 했지만 구석기와 비교도 되지 않게 여러 필요한 용도에 따라 다양

국립중앙박물관 상설전시실 선사·고대관 첫 번째 전시실에 들어가면
한반도 지도 형태에 여러 지역에서 출토된 주먹도끼가 전시되어 있다.
ⓒPark Jongmoo

한 형식으로 돌을 다듬어 활용했다. 특히 돌을 매우
세밀히 갈아서 사용했기에 지금 눈으로 보아도 꽤
정밀한 느낌이 든다. 이 시기에 인류는 정착 생활을
하게 되니, 보통 강가 근처에 집을 짓고 농사와 낚
시, 사냥 등을 함께 했다. 더 나아가 짐승을 길러서
그 고기를 먹는 등 사냥에 의존하지 않고도 고단백
질을 얻는 방법을 확보했다.

이처럼 정착 생활을 하게 되자 갈수록 곡식 등을

모아서 보관하는 것이 중요하게 되었고, 그 결과 토기가 만들어졌다. 처음에는 나무나 풀을 이어 만든 바구니를 주로 사용하던 인류는 점차 주변에서 재료로 쉽게 구할 수 있는 흙을 반죽하여 그릇 형태로 만든 뒤 이를 말려서 사용해보기 시작했다. 그러다 어느 시점부터 500~600℃ 정도의 고온에서 구우면 흙으로 만든 그릇이 굉장히 단단해진다는 것을 깨닫는다. 이에 인류는 적극적으로 흙을 구워서 그릇을 만들게 되니, 드디어 토기가 등장한 것이다.

마침 국립중앙박물관 신석기 전시실은 당시 한반도에 살던 우리 조상이 만든 여러 토기를 전시 중이다. 그중에 대표적인 것이 빗살무늬토기로 국사교과서에서도 언급되는 바로 그 토기다. 아래가 뾰쪽하게 구성된 역삼각형 형태의 토기로, 당시만 하더라도 땅을 파서 밑부분을 묻어 세운 채 사용했기에 이와 같은 디자인이 등장했던 것. 또한 표면에는 무늬가 새겨져 있으니, 주로 선 형태가 지그재그 형식으로 그어져 있다. 이로 미루어 볼 때 나무줄기나 풀을 이어 만든 바구니의 본래 외관을 흙으로 빚은 그릇에도 그대로 응용하여 디자인한 것으로 보인다. 아무래도 당시 사람들 눈에는 지그재그 형식의 선 그림이 마치 나무줄기를 지그재그로 이어 만든 그릇 디자인처럼 느껴졌을 테니까.

빗살무늬토기. ©Park Jongmoo

그런데 이러한 토기의 등장은 매우 중요한 의미를 지니고 있다. 인류가 불을 이용하여 새로운 물질을 얻을 수 있음을 깨달은 중요한 계기였기 때문이다. 이를 통해 야생 동물로부터 정착지를 보호하거나 고기를 굽고 농경지를 넓히기 위해 나무나 풀을 태우는 것을 넘어, 무언가를 불을 통해 가공하면 단단한 새로운 것을 만들 수 있다는 논리적 구조를 얻게 된다. 지금도 초등학교 때 지점토로 그릇이나 화분을 만들어보고, 그중 일부는 전문 공방에 맡겨 구운 것을 가져와 단단해진 모습을 보여준다. 인류가 수만 년에 걸쳐 깨달은 것을 집약적으로 교육시키는 모습이라 하겠다. 이로써 아이들도 불을 이용해 새로운 무언가를 만들어낼 수 있다는 것을 깨닫게 되니까.

이렇듯 신석기 전시실까지 쭉 살펴보았는데도 여전히 청동기와 금은 보이지 않는군. 구석기 시대에 비하면 눈에 띌 정도로 큰 발전을 거듭했어도 여전히 청동기와 금을 사용할 시기는 아니었던 것일까? 그럼에도 불구하고 토기를 통해 불을 사용하는 다양한 방법을 서서히 깨닫게 되었으니, 곧 청동기가 등장할 것 같기는 하다.

농경문 청동기

구석기, 신석기 시대 전시 순으로 이동하다보면 국립중앙박물관에서 처음으로 만나는 청동기가 있으니, 다름 아닌 보물로 지정된 '농경문(農耕文) 청동기'가 바로 그것이다. 뜻 그대로 농사를 짓는 모습이 그려진 청동기라는 의미. 중요한 유물이라 그런지 360도를 돌아 앞뒤로 볼 수 있도록 전시해놓았다. 따라서 이 청동기의 앞뒷면을 모두 확인할 수 있는 만큼 반드시 확인하고 가야겠다.

해당 유물의 출토지는 정확히 알 수 없으나 대전이나 아산 등 충청도 지역에서 발견되는 '방패형 청동기'와 유사한 디자인을 보이고 있어 기원전 5~기원전 4세기경 충청도 지역에서 제작된 것으로 추정하고 있다. 그런데 세밀히 확인해보니까, 확실히 이 청동기에 새겨진 그림이 남다르군.

가장 먼저 오른쪽 위로 농사를 짓는 사람이 눈에 띄는데, 사각형으로 그려진 밭 위로 농기구를 이용해 땅을 가는 모습이다. 그는 머리를 새의 긴 깃털로 장식했는지 머리 뒤로 긴 선이 쭉 그려져 있군. 다음으로 땅을 가는 사람 왼쪽으로는 토기에 수확물을 담는 사람이 보이고, 아래로는 괭이질을 하는 사람이 보이네. 이처럼 괭이로 땅을 파서 밭을 일구고 농기구를 이용해 만들어진 밭을 간 다음 여기서 수확된 곡식을 담는 과정이 그려진 청동기다. 당시 정착 생활의 모습을 그대로 묘사하고 있는 것이다. 다만 청동기의 상당 부분이 깨져 있어 더 이상의 이야기를 확인할 수 없다는 것이 안타깝군.

빙 돌아서 청동기의 다른 면을 보면 나무에 앉아 있는 새와 날아가는 새가 그려져 있다. 한편으로 마치 풍경화 같은 느낌이라 보는 사람의 기분까지 차분해진다. 새에게 크게 감정 이입이 된 그림으로 미루어 볼 때 이 시대 사람들은 분명 새를 중요한 무언가로 인식했던 모양이다. 그렇다면 앞뒤로 농경을 하는 사람과 새가 그려진 이 청동기는 어떤 용도로 사용된 것일까?

글쎄. 형태로 보아 무기나 그릇 등 실용적인 목적

농경문 청동기 앞면. 청동기 시대 정착 생활의 모습을 그대로 묘사하고
있다. ⓒPark Jongmoo

으로 사용했으리라고 보기는 힘들고. 그렇다고 단순히 집에 걸어놓고 장식하는 용도였다고 보기도 힘들다. 사실 이 청동기는 제사를 주관하던 마을의 지배자가 하늘에 제사를 지낼 때 몸에 걸쳐 사용한 것으로 추정하고 있다. 이때는 소위 제정일치라 불리던 사회였기에 종교와 정치가 분리되지 않고 한 사람에게 집중된 시기였다. 이는 곧 한 지역의 지배자는 종교적 권위도 함께 가지고 있었음을 의미한다.

자. 그럼 잠시 상상을 해보자. 과거 한반도 충청도 지역에 존재했던 한 지배자가 현재 박물관에 전시 중인 농경문 청동기를 몸에 걸친 채 중요한 시기가 되면 하늘에 제사를 모습을 말이지. 이때 기도는 청동기에 그려진 묘사 그대로 올해 농사가 잘되기를 비는 내용일 테고. 이러한 기도를 하늘에 잘 전달해주길 바라면서 새를 청동기에 새겼던 것이다. 즉, 당시 사람들은 새를 하늘과 땅을 연결해주는 매개체로 인식했음을 알 수 있다.

이렇듯 국립중앙박물관 전시 구성상 처음 등장하는 청동기는 흥미롭게도 제사와 연결되는 제의 도구로서 만들어진 것이다. 그렇다면 이러한 청동기는 어떤 기술적 발전 과정을 통해 등장했던 것일까? 그리고 청동기는 제의 도구 외에 다른 쓰임새는 없었을까?

농경문 청동기 반대쪽 면에는 나무에 앉아 있는 새와 날아가는 새가 그
려져 있다. ©Park Jongmoo

청동기 시대

신석기를 거쳐 점차 정착 생활에 익숙해지자 소위 잉여 재산이 모이기 시작했다. 이는 농경 기술의 발전으로 식량 공급이 충분하게 이루어지니 먹고 남은 재산을 점차 축적하며 벌어진 현상이었다. 이 과정에서 당연히 능력에 따라 더 많은 재산과 힘을 축적하는 이가 생겨났고, 이런 이들은 어느 시점이 되자 소위 부족장에 올라 마을의 여러 일을 해결하고 중재하는 일을 맡는다. 즉, 잉여 재산에 따라 계층 분화가 이루어진 것이다.

하지만 고대 사회는 여전히 자연재해에 취약했으므로 때때로 발생하는 번개, 홍수, 가뭄, 전염병 등을 논리적으로 설명하기란 쉽지 않았다. 이에 부족장은 매번 하늘 또는 신에게 농사일을 묻고 자연 재해를 막아달라고 기원했으며, 이때마다 마을 사람들은 의례에 참가하여 자신들의 잉여 재산 중 일부를 하늘에 있는 신과 연결하는 힘을 지녔던 부족장에게 맡겼다. 이렇게 부족장을 중심으로 힘이 집중되자 마을은 점차 작은 국가처럼 발전하기 시작했으며 부족장은 마치 왕과 같은 정치적 인물로 성장한다. 그리고 마을 안에서의 빈부 경쟁은 이제 다른 마을과의 빈부 경쟁으로 이어져 주변 마을과 전쟁과 합병이 수시로 일어나는 시대를 맞이하게 된다.

이런 일련의 과정 중 인류 역사에 드디어 구리가 등장했다. 석기와 다른 성질을 지닌 금속에 눈을 뜨게 된 인류는 구리를 발견한 뒤 점차 이를 사용해보았는데, 세계적으로 볼 때 가장 빠른 지역은 무려 기원전 7200년경부터 구리를 사용했다. 이를 일컬어 소위 순동 시대라고 부른다. 다만 순동 시대만 하더라도 자연 구리를 확보한 후 그대로 돌망치로 두들겨 도구를 만들었는데, 순수한 구리의 경우 녹는점이 1084°C나 되기에 당시 불을 다루는 기술로는 제련과 같은 수준 높은 가공이 결코 만만치 않았기 때문이다. 결국 처음에는 발견한 구리를 두들기거나 펴고 잘라서 간단한 도구나 장식품을 만드는 것에 불과했다.

하지만 기원전 4000년경부터 구리에 다른 금속을 섞어 사용하는 혁명적인 기술이 등장한다. 이것이 바로 구리와 주석의 합금으로 잘 알려진 청동이다. 무엇보다 합금이 되자 녹는점이 232°C인 주석 덕분에 순 구리와 달리 녹는점이 700~900°C로 크게 낮아지면서 당시 불을 다루는 기술로도 여러 다양한 형태로의 가공이 가능해졌다. 그뿐 아니라 합금이 되자 순수한 구리보다 강도가 오히려 강해지는 장점까지 생겼다. 이에 세계 곳곳에서 자연스럽게 청동이 활용되는 시기를 맞이하니, 이것이 바로 그 유명한 청동기 시대다. 그 결과 중국의 중원은 기원전 16세기경부터, 한반도는 기원전 13~기원전 11세기경부터 본격적인 청동기 시대를 맞이한다.

한편 박물관 전시품을 지금 눈으로 보면 청색으로 마치 이끼가 낀 듯 바랜 색감이라서 고급스러운 느낌이 덜할지도 모른다. 하지만 뜨거운 열로 녹인 청동을 거푸집에 부은 후 열기를 식힌 청동의 빛깔은 짙은 황색에 가깝다. 쉬운 예로 2009년 서울 광화문 거리에 만들어진 세종대왕 동상이 있다. 세종대왕 동상 역시 다름 아닌 청동으로 제작되었으니까. 이처럼 관리가 잘된 경우 시간이 지나더라도 짙은 녹색이 아닌 짙은 황색을 유지하기 때문에, 당시 사람들의 눈에는 매우 고급스럽고 매력적인 색감으로 다가왔을 것이다. 마치 태양빛과 유사한 색감으로 말이지.

문제는 청동기가 순 구리로 만든 물건보다는 단단했으나 그럼에도 여전히 강도가 약한 편이라는 점. 단단한 물건과 부딪치면 오히려 쉽게 구부러지거나 부서지곤 했다. 또한 구리는 지금도 마찬가지지만 구하기 힘든 금속이었기에 대량으로 청동기를 제작하는 것은 대단히 어려운 일이었다. 그래서인지 몰라도 약속이라도 한 듯이 세계의 여러 문명들은 청동을 실용성 있는 물건으로 만들어 사용하기보다는 권력자의 장식용 물건 또는 의례나 제사 등 중요한 행사를 위해 주로 활용했다. 방금 확인한 '농경문 청동기' 역시 그러한 물건 중 하나라 할 수 있겠지. 당연히 그보다 신분이 아래인 사람들은 감히 청동기를 사용하지 못했으며, 여전히 석기가 주력이었다.

하지만 인간의 피나는 노력과 재료의 한계를 넘으려는 극복 의지는 남달랐으니 엄청난 잉여 재산과 시간을 투자한 결과, 의례 때 사용하는 기구를 넘어 실용까지 겸비한 청동기를 생산하기에 이른다. 이른바 청동 단검, 화살촉, 창과 같은 무기들이 거기에 포함되었다.

청동 배합의 원리

　한국인이라면 《주례(周禮)》라는 책을 자세히는 몰라도 얼핏 스쳐가듯 한번쯤 들어본 적이 있을 것이다. 《주례》와 관련되어 가장 잘 알려진 예로는 음…. 아, 맞다. 조선이 건국된 후 궁궐인 경복궁을 세울 때 다름 아닌 《주례》를 설계 기반으로 했다는 내용이 있다. 마침 《주례》에는 이상적인 궁궐 구조 및 배치에 대한 내용이 있기 때문. 그뿐만 아니라 과거부터 한반도의 여러 국가들은 유교와 연관된 수많은 제도를 《주례》로부터 받아왔으니, 오죽하면 조선 세종 때에는 단행본으로 간행하여 이를 쉽게 접근할 수 있도록 일반에 보급할 정도였다.

　이러한 《주례》는 일반적으로 서주(西周, 기원전

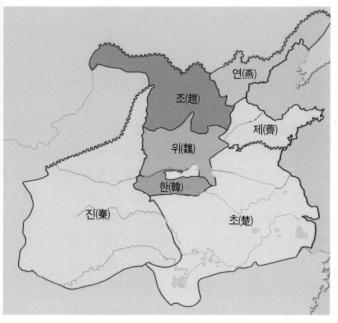

전국 시대의 7대 강국을 전국 7웅이라 한다.

11세기~기원전 771년)의 주공(周公)이 정립한 제도를 시간이 흘러 전국 시대(기원전 403~기원전 221년)에 정리, 기록한 경서라 알려져 있다. 물론 오랜 역사를 지닌 중국의 책 대부분이 그러하듯 정말로 주공이 지었을 가능성은 매우 낮지만 말이지. 아무래도 전국 시대 들어와 기존의 주나라 이외에도 왕을 칭하는 국가들이 여럿 생기면서 제도를 정립할 필요성이 부각되자, 그 분위기에 맞추어 《주례》 역시 완성된 것으로 보인다. 이들을 소위 전국 시대 7대 강국이라 하여 전국 7웅이라 부르지. 그리고 이때 각 국가에서 왕을 중심으로 정립한 제도의 권위를 높이기 위해 먼 옛날 주나라 건국 시대의 전설적인 정치가였던 주공을 다시금 불러온 것이다.

덕분에 《주례》의 저자로 알려지게 된 주공은 주나라를 건국한 문왕의 아들로, 왕이었던 형이 죽은후 어린 조카가 왕위에 오르자 섭정으로서 주나라를 탄탄한 제도 위에 운영될 수 있도록 노력한 인물이다. 특히 어린 조카가 혼자서 정책을 결정할 수 있는 나이가 되자 섭정 자리에서 과감히 물러나는 등권력에서 초탈한 모습을 보였기에 중국에서는 나름성인으로 평가하고 있다. 그 반대 모습으로는 자신의 권력욕으로 쿠데타를 일으키고 결국 왕이었던조카를 죽인 조선의 수양대군, 즉 세조가 있겠군.

그런데 이러한 《주례》에는 청동기에 대한 내용도담겨 있어 흥미를 준다. 다만 전국 시대만 하더라도철기보다 여전히 청동기가 중요했던 시기였기에, 한자는 金(쇠 금)으로 표기되어 있더라도 해당 금속은철이 아닌 청동기를 의미하니 이를 감안하고 살펴보자.

주나라 청동기. '소극' 글자가 있는 고기 삶는 세발솥. 서주 효왕, 기원전 10세기 말. ⓒPark Jongmoo

금지육제(金之六齊)

쇠를 6등분하여, 6분의 1에 주석을 넣는 방법을 종정지제(種鼎之齊, 종이나 솥을 만드는 비율)라 한다.

쇠를 5등분하여, 5분의 1에 주석을 넣는 방법을

부근지제(斧斤之齊, 도끼나 망치를 만드는 비율)라
한다.

쇠를 4등분하여, 4분의 1에 주석을 넣는 방법을
과극지제(戈戟之齊, 창을 만드는 비율)라 한다.

쇠를 3등분하여, 3분의 1에 주석을 넣는 방법을
대인지제(大刃之齊, 큰 칼을 만드는 비율)라 한다.

쇠를 5등분하여 5분의 2에 주석을 넣는 방법을 삭
살시지제(削殺矢之齊, 화살을 만드는 비율)라 한다.

쇠를 반 주석을 반씩 넣는 방법을 감수지제(鑒
燧之齊, 거울을 만드는 비율)라 한다.

《주례》

이처럼 구리와 주석을 어느 정도 비율에 맞추어
합금할 경우, 그 결과 만들어진 금속의 특징에 따라
어떤 물건으로 사용할 수 있는지 구체적으로 알려
주는 내용이다. 예를 들어 구리 6에 주석 1을 합치면
종이나 솥으로 사용할 수 있는 청동이 나오고, 구리
3에 주석 1을 합치면 칼로 사용할 수 있는 청동이 나
오는 것이다.

당연히 이는 청동기를 오랜 기간 제작하면서 합
금의 특징과 결과물에 대한 자료가 충분히 쌓이며
구축된 내용이라 하겠다. 즉, 필요한 물건에 따른 다
양한 금속 배분을 이미 중요한 자료로서 남길 정도

로 축적된 지식이 존재했음을 알 수 있다. 이러한 결과는 자연스럽게 다른 지역에서도 통용되는 방법이 되었으니, 놀랍게도 해당 합금 비율이 한반도의 청동기에서도 어느 정도 비슷하게 적용되거든. 그럼 합금 기술이 한반도 청동기에서는 어떻게 선보였는지 살펴볼까.

청동기 시대 엑스칼리버

고조선 전시실에 들어서자 역시나 청동기 시대였던 만큼 청동 단검(青銅短劍)과 청동 화살촉, 투겁창, 청동 거울 등이 여럿 전시되어 있군. 이 중 청동 단검은 크게 볼 때 요령식 동검(遼寧式銅劍)과 세형동검(細形銅劍)으로 나뉜다. 동시대 중국의 중원 문명권과 확연히 구별되는 독자적 청동기 디자인이기도 하지. 즉, 한반도 문명의 선조들이 사용한 문화라 하겠다. 가만. 이곳에 들어서자마자 머리를 치듯 생각난 기억에 따르면, 요령식 동검과 세형동검은 아마 고등학교 국사 교과서에서도 매우 중요하게 배웠던 부분 같기도 한데?

기억을 더듬어 정리하자면, 기원전 10~기원전 4

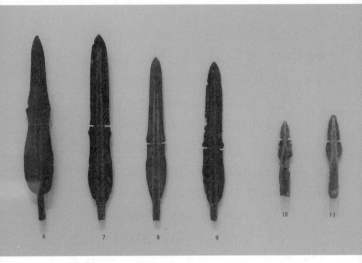

요령식 동검. ⓒPark Jongmoo

세기까지 지금의 중국 북동쪽인 요서를 시작으로
요동과 한반도 지역까지 넓게 사용된 요령식 동검
은 검의 몸체가 완만한 S자 곡선을 띠고 있으며, 검
과 자루를 따로 만든 뒤 이를 하나로 결합하여 사용
했다. 그런데 매번 볼 때마다 검이 지닌 과장된 곡선
형태가 매력적으로 다가오네. 디자인이 지닌 실용
성은 잘 모르겠지만 현대 눈으로 볼 때는 마치 장식
품이나 예술 작품 같다고나 할까? 물론 겉보기와 달
리 당시에는 찌르는 무기로서 매서운 쓰임이 가능
했다. 엄연히 석기와 구별되는 금속으로 만든 것이

니까.

다음으로 기원전 4세기~기원후 1세기 전반까지 주로 한반도 영역 그리고 일본에서도 일부 사용된 세형동검은 요령식에 비해 직선 형태의 검 모습을 보여주며, 마찬가지로 검과 자루를 따로 만든 뒤 하나로 결합하여 사용했다. 학계에서는 여러 조사와 연구 결과 요령식 동검에서 시작하여 좀 더 실용적인 디자인으로 세형동검이 등장한 것으로 보고 있다. 아무래도 곡선의 몸체보다 직선의 몸체가 찌르고 벨 때 훨씬 기능적으로 뛰어나기 때문.

흥미로운 것은 요령식 동검과 세형동검이 출토되는 지역이 과거 고조선의 영향력이 미친 영역과 얼핏 일치한다는 점이다.

옛 기자(箕子)의 후예인 조선후(朝鮮侯)는 주나라가 쇠약해지자, 연(燕)나라가 스스로 왕이라 칭하고 동쪽으로 침략하려는 것을 보고, 조선후도 역시 스스로 왕호를 칭하고 군사를 일으켜 연나라를 맞받아 군대를 보내 주 왕실을 받들고자 했는데, 그의 대부(大夫) 예(禮)가 간하므로 중지했다. 그리하여 예를 서쪽에 파견하여 연나라를 설득하게 하니, 연나라도 전쟁을 멈추고 침공하지 않았다. 그 뒤에 자손이 점점 교만하고 포악해지자, 연은 장군 진개

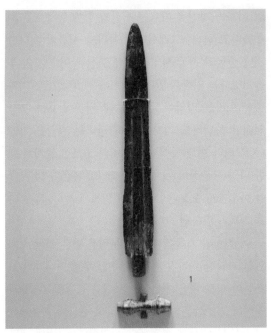

세형동검. ©Park Jongmoo

(秦開)를 파견하여 조선의 서쪽 지방을 침공하고 2천여 리의 땅을 빼앗아 만번한(滿番汗, 요동으로 추정)에 이르는 지역을 경계로 삼았다. 마침내 조선의 세력은 약화되었다.

《삼국지(三國志)》 위서(魏書) 동이전(東夷傳) 한(韓)

주나라가 은나라를 멸망시키자 은나라 왕족이었

던 기자는 자신을 따르는 사람과 함께 동쪽으로 이주했다고 한다. 그래서인지 몰라도 시간이 지나고 지나 중국의 전국 시대 시점에 조선 왕이 기자의 후손이었다는 기록이 있다. 이 기록을 바탕으로 '기자조선'이라는 명칭이 등장했는데, 덕분에 고려~조선 시대만 하더라도 기자에 대해 남다른 관심을 가진다. 그러다 현대 들어와서 기자와 고조선 관계에 대한 다양한 주장이 전개되었는데, 그 종류가 너무 많아 아쉽게도 오늘은 소개하기 힘들 듯하군. 혹시 다음 기회가 있다면 그때.

어쨌든 위 기록에 따르면 분명한 것은 전국 시대였던 기원전 4~기원전 3세기 후반 무렵 연나라와 고조선이 서로 왕을 칭한 채 큰 전쟁을 펼쳤고, 그 과정에서 고조선은 패배하여 나라의 중심지를 요동에서 한반도 내부로 이동했다는 것이다. 그런데 해당 역사를 고고학과 연결시켜보니 하나의 큰 이야기가 구성된다. 즉,

1. 기원전 4세기 이전, 요서와 요동을 중심으로 세력을 키우던 고조선 시절만 하더라도 요령식 동검이 만들어져서 이를 한반도 여러 지역까지 영향을 받아 사용했으나

2. 기원전 4세기 이후, 한반도 내부로 이주한 고

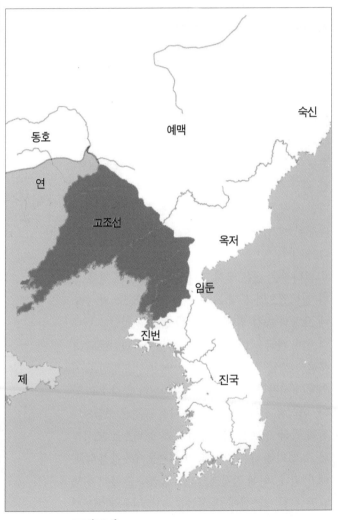

고조선 vs 연.

조선이 더 강력하고 실용적인 무기를 적극적으로 제작하는 노력으로 세형동검이 등장했고, 그 결과 한반도 지역에서 요령식 동검을 잇는 새로운 동검이 되었다.

라는 스토리라인이 그것이다. 물론 더 세부적으로 들어가면 고조선이 요서, 요동에 있을 때부터 이미 요령식 동검 특유의 과장된 S검 형태가 좀 더 간략한 직선 형태의 요령식 동검으로 발전하고 있었다. 다만 세형동검이라 부르는 직선형 동검으로 완전히 대체된 시기를 크게 구분하여 본다면 대략 위와 같다는 것.

안타까운 점은 당시 연나라와 대결하며 왕을 칭할 정도였으면 분명 요동에 위치한 고조선의 수도에 요령식 동검 외에도 상당한 문물이 있었을 텐데 말이지. 한국을 대표하는 국립중앙박물관임에도 그 부분이 조금 부족해 보이네. 반면 동시대 한반도 지역에서 사용한 여러 청동기는 충실하게 갖추고 있다. 이러한 전시 모습은 요동 시절 고조선 중심지가 현재 중국 영토에 위치하여 우리 능력으로 조사를 할 수 없기에 나온 고심 끝의 결과물이라 충분히 이해가 된다. 이에 간접적이라도 궁금증을 풀기 위해 요동 시절 고조선에 대한 논문, 자료집을 읽어보면 학계가 그 시대에 대한 큰 그림은 그린 것 같으나 세부적으로는 여러 주장이 여전히 설왕설래 중인지라 어렵네. 어려워.

나 같이 역사에 관심이 깊은 사람은 자료집에 등장하는 사진이나 그림보다 요동에서 출토된 여러 유물을 직접 봐야 더 이해가 쉬울 텐데. 물론, 정 궁금하다면 직접 중국으로 가서 해당 지역 박물관을 방문하여 보는 방법도 있겠지만. 먼 미래에는 어떤 방식으로든 요동 시절 고조선에 대한 유물과 정보 역시 국립중앙박물관에 갖춰지길 바랄 뿐이다. 과연 가능하려나? 미래는 누구도 알 수 없으니까.

한편 요령식 동검과 세형동검을 조사하는 과정에서 칼의 성분을 조사해보니, 재미있는 내용이 하나 더 밝혀진다. 요령식 동검의 경우 '구리 80% 이상 + 주석 6~13%' 정도 비율인 반면, 세형동검의 경우 주석을 일부러 최소한으로 넣어 처음부터 비실용적인 목적, 즉 장식을 위해 만든 것을 제외하면 '구리 70~75% + 주석 14~25%' 정도 비율이라는 점이 그것이다. 이 외로 납이 일정 비중으로 존재했는데, 이는 합금을 위해 납이 사용된 흔적이다.

당시 주석은 구리보다도 더 구하기 힘든 물건이었기에 녹는점이 327℃인 납을 함께 사용하여 구리의 녹는점을 낮추기도 했거든. 물론 납이 지닌 성질로 인해 청동 합금을 제작할 때 유리한 점도 분명 있었으나, 대체적으로 정리하자면 주석보다 가격은 싸고 질은 떨어지는 재료가 납이었다. 현대 기술로 연구한 결과 역시 주석 비중이 20%에 가깝고 납 비중이 적을수록 만들어진 청동이 더욱 단단해지는 경향이 있다고 하는군. 이러한 납의 비중이 요령식 동검은 보통 7~10% 정도 포함되어 있는 반면, 세형동검의 경우 일부러 주석을 최소한으로 넣어 처음부터 비실용적인 목적을 두고 만든 것을 제외하면 보통 5~7% 정도 포함되어 있었다.

이로 미루어 볼 때 세형동검이 단순히 디자인을 넘어 성분까지도 강도 및 경도가 더욱 높게 만들어졌음을 알 수 있다. 그리고 이러한 구리 + 주석 비중은 《주례》에서 창을 만들 때는 주석 20%, 칼을 만들 때는 주석 25%를 넣도록 기록한 것과 연결된다. 즉, 주석 비중이 20%에 육박하면 찌르거나 자를 때 더 효율적인 청동이 만들어진다는 것을 중국은 이미 여러 국가로 나뉘어 전쟁이 수시로 벌어지던 전국시대를 경험하며 알고 있었던 것.

고조선은 연나라와의 본격적인 전쟁 전에는 요령식 동검을 주로 생산하며 제대로 깨닫지 못했다가, 4세기 전후로 큰 패배를 경험한 후 중국의 무기 성분과 《주례》의 기록 등을 면밀히 조사하여 주석 비중을 더욱 높인 세형동검을 만든 것이 아닐까? 당시 청동의 성분 비율은 첨단 무기 사업과 연결됨을 보여준다. 이를 볼 때 과거든 현재든 무기는 양과 질이 잘 조합되어야 승리한다. 고조선의 패배는 여기에 기인했을지도….

자, 이처럼 청동기가 등장하여 더 질 좋은 청동기로 나아가는 과정까지 살펴보니 주변국과의 대결, 다른 말로 나름 교류의 결과물이었음을 알 수 있다. 이로써 금동반가사유상을 구성하는 청동이 우리 역사에 등장하여 고조선 시기 상당한 수준까지 발전하는 상황을 따라가보았다. 물론 청동은 이 뒤로도 다양한 기술 성장을 통해 질적으로 꾸준한 발전을 이어가게 된다.

3

금의 시작

인류사에 등장한 금

어느덧 고조선 전시실을 다 보았고 이제 다음 전시실로 들어가기 직전이니, 사전 지식을 위해 필요한 설명을 조금 해야겠다.

금속의 녹는점을 살펴보면 금 1064°C, 은 961°C, 동(구리) 1084°C, 청동 700~900°C, 철 1538°C이다. 이는 곧 금, 은, 동의 경우 1000°C 내외의 온도까지 불을 올릴 수 있다면 충분히 제련이 가능하다는 의미. 이에 이집트, 서아시아 등에서는 청동기 시대부터 이미 금을 적극적으로 사용했으며, 이 중 현대인 대부분이 아는 가장 대표적인 유물로 투탕카멘의 황금 가면이 있다. 기원전 14세기에 만들어진 투탕카멘의 황금 가면은 청동기 시대에 이미 이집트에서

바르나 동석기 시대 묘지 제43호 묘. 불가리아 바르나고고학박물관.

상당한 수준의 금세공 기술이 있었음을 보여주는
직접적 증거이기도 하니까. 실제로 이집트는 기원
전 3700년경부터 금을 사용했다고 하는군.

그러나 이런 이집트보다 먼저 금제품을 사용한
집단이 있었으니, 불가리아 동부 흑해에 인접한 항
구 도시 바르나(Varna)에서 1972년 거대 유적지가
발견되면서 까마득한 과거의 놀라운 이야기가 전해
진다. 기원전 4800~기원전 4200년경, 그러니까 음.

어떻게 설명해야 하지? 아, 그래. 단군왕검이 고조선을 세웠다는 기원전 2333년보다 무려 2000년 전의 일이다. 이렇듯 멀고 먼 과거의 어느 날 불가리아 바르나에 살던 한 남자가 자신의 무덤에 황금으로 만든 세공품과 함께 묻혔으니, 이것이 다름 아닌 현재까지 발견된 금 중 인류가 사용한 가장 최초의 예라 하겠다.

이 무덤은 '바르나 동석기(銅石器) 시대 묘지 제43호 묘'라 부르는데, 동석기는 영어 'Copper Age 또는 Chalcolithic Age'를 번역한 것이다. 이 중 chalcolithic은 그리스어로 구리를 의미하는 'chalkos'와 돌을 의미하는 'lithos'를 합성하여 만든 용어다. 이는 곧 구리와 돌을 쓰던 시대라는 의미이며, 당연히 이 시기는 석기 시대와 청동기 시대 사이에 해당한다. 방금 앞에서 이야기했듯 구리에 주석을 합금하여 청동기를 만들기 이전 시대이기도 하다.

그런 만큼 '바르나 동석기 시대 묘지 제43호 묘'의 주인은 다음과 같은 부장품과 함께하고 있었다. 불을 일으키는 데 사용되는 부싯돌을 정교하게 깎아 마치 창과 칼 같은 모양으로 만든 장신구, 당시 기술 수준으로 볼 때 꽤 정성을 들여 만든 토기, 옥으로 만든 도끼 모양의 장신구, 붉은 보석으로 만든

바르나 동석기 시대 묘지 제43호 묘에서 출토된 금으로 장식된 돌도끼.
불가리아 바르나고고학박물관.

목걸이, 구리로 만든 무기 모양의 도구, 그리고 여러
부장품 중 주인공이라 불릴 만한 황금 유물이 그것
이다.

　무덤에서 출토된 황금은 무려 1.5kg 정도의 양이
었으니 목걸이, 팔찌, 옷과 모자에 장식한 둥근 황금
판 여러 개, 활을 장식한 금장식, 남성 성기를 감싸
보호한 금 싸개, 그리고 무덤 주인이 손에 쥐고 있던
금으로 장식된 돌도끼 등이 발견되었다. 이는 동시
대 지구에 살던 대부분의 사람들이 사용은커녕 금
이라는 금속조차 제대로 알지 못하던 시절에 등장

한 최고의 럭셔리 부장품이었다. 당연히 시대를 매우 앞서는 패션이기도 했으니 최소 수백에서 수천 년 앞서간 패션 리더? 5~10년 앞서가도 뉴욕, 파리에서 활동하는 세계적 디자이너가 될 텐데… 어마어마하군.

특히 부장품 중 부싯돌은 불을 상징하고 토기, 구리, 금 역시 모두 불에서 가공하여 만들어지는 것인 만큼 '바르나 동석기 시대 묘지 제43호 묘'의 주인공은 불을 다루는 힘을 상징한 물건들과 함께 묻혔음을 알 수 있다. 그렇다면 무덤의 주인공은 누구였을까? 제사장? 아님 금과 금속을 제작할 줄 아는 신비한 능력의 대장장이? 문자가 없던 시절이라 자세히 알 수 없으나, 그럼에도 인류가 금을 사용한 시점이 꽤 과거였음을 보여준 것만으로 당시뿐만 아니라 현대인에게도 마치 마법 같은 경험을 준 인물이라 하겠다.

여기까지 사전 지식을 쌓았으니, 이제 한반도에서 출토된 금제품 중 하나를 보러 가보자.

김포에서 출토된 금 귀걸이

고조선 전시실을 지나면 역사의 순서에 따라 드디어 부여·삼한 전시실을 만나니, 여기서부터 청동기 시대를 지나 철기 시대의 시작이다. 다만 기원전 4~기원전 3세기부터 요동과 한반도 북부에 철기가 서서히 도입되긴 했지만, 이때만 하더라도 철기를 깔끔하게 제작하여 사용하기란 매우 힘든 일이었다. 분명한 기술적 한계가 있었기 때문. 이에 필요한 수요를 충족시키고자 더 높은 기술을 지닌 중국으로부터 무역이나 외교를 통해 철기를 받아오기도 했다.

우선 철은 구리에 비해 훨씬 재료를 구하기 쉬우며, 지금도 주요 금속으로 사용할 정도로 강도 역시 구리보다 훨씬 훌륭하다. 문제는 자연에서 구하는 철의 경우 산화가 무척 심하기에 이러한 불순물을 제거하는 것이 중요했고, 녹는점이 무려 1538°C에 이르니 질 높은 철을 만들기 위해서는 불을 사용하는 기술 역시 이전보다 훨씬 높은 레벨까지 올려야 했다.

그래서 철이 처음 등장할 때만 하더라도 인류가 수천 년에 걸쳐 한창 완성도를 높인 청동기보다 결코 질적으로 우수하다 말하기 힘들었다. 하지만 가면 갈수록 질 높은 생활을 영위하기 위하여 단단한 금속이 필요했던 사람들은 구하기 힘든 구리, 주석보다 쉽게 재료를 구할 수 있는 철에 관심을 가지게 된다. 그런 만큼 피나는 노력과 한계를 넘으려는 의지로 엄청난 잉여 재산과 시간을 투자했고, 그 결과 철기 시대를 맞이하게 된 것이다.

한편 경기도 김포시 운양동에는 초기 철기 시대의 무덤 유적이 있는데, 현재 '김포 운양동 유적'이라 부르며 전시 공간으로 운영 중이다. 덕분에 지하에 위치한 옛 무덤 내부를 보호 유리판을 통해 지상에서 보며 확인할 수 있으니, 궁금한 분이 있으면 김포 신도시로 방문 추천. 그런데 김포 운양동 유적에서 출토된 3세기의 유물을 마침 이곳에 전시하고 있으니 확인해볼까? 박물관의 부여 · 삼한 전시실 시

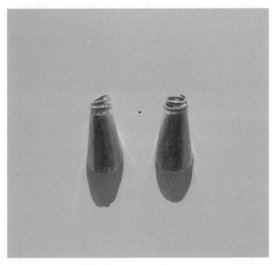

김포 운양동 유적에서 출토된 금 귀걸이 한 쌍. ©Park Jongmoo

작점에 들어서자마자 한쪽 벽에 전시된 김포 운양동 유물을 만날 수 있다.

바로 이것이다. 가장 눈에 띄는 곳에 주인공처럼 전시된 금 귀걸이 한 쌍. 김포 운양동 유적에서는 이곳에 전시된 2점을 포함하여 총 3점의 금 귀걸이가 고분에서 출토되었다. 각각 운양동 1호분(1점)과 12호분(2점)이 그 주인공. 그런데 이 작은 금 귀걸이가 휴전선 아래 현 대한민국 영역에서 발견된 가장 오래된 금제품이자 한반도 영역으로 넓히면 가장 오래된 금 귀걸이라는 사실. 당연히 그 역사적 의미가 남다르다고 하겠다.

다만 불가리아 바르나에서는 기원전 4800~기원
전 4200년경, 이집트에서는 기원전 3700년경부터
사용하던 금을 지금의 대한민국 영역에서는 기원후
3세기 시점부터 비로소 사용했다는 의미이니… 음.
시기상 꽤 많이 늦은 편이군. 인류사에서 가장 빠른
시점과 비교하면 무려 5000년 정도 차이가 났다는
의미니까. 하지만 한반도 전체 영역으로 더 넓게 펼
쳐보면 1세기 초반에 사용한 금제품도 있으니 이동
하여 곧 살펴보기로 하자.

그 전에 김포 운양동 1호분과 12호분을 마저 더
설명하자면. 이곳에서는 금 귀걸이 외에도 철로 만
든 검과 쇠 투겁창, 여러 구슬로 만든 장식품, 철로
만든 화살촉과 끌, 낫, 손칼, 도끼 등이 출토되었다.
국립중앙박물관에 금 귀걸이와 함께 전시된 내용이
바로 그것. 즉, 철기를 사용한 집단이 금 귀걸이까지
보유하고 있었음을 의미한다. 그런데 해당 철기를
조사한 결과, 학계에서는 칼의 경우 중국 한나라에
서 받은 것으로 추정하고 다른 여러 철기는 부여에
서 영향 받은 물건으로 판단하는 모양이다. 더 나아
가 금 귀걸이의 경우 부여가 위치하던 중국 지린성
(吉林省)에서 출토된 것과 유사한 디자인이라는 점
을 주목했다.

이는 곧 김포 운양동 1호분과 12호분, 즉 3세기에 묻힌 인물은 부여와 관련이 깊으면서도 한나라, 즉 낙랑과도 연결점이 있어 보인다는 의미. 마침 이 시기 낙랑은 평양에 위치한 한나라의 군현이었으니까. 김포에서 배를 타고 이동하면 낙랑까지 무척 가깝기도 했다.

여기까지 정보를 종합해보면 무덤의 주인공은 북방, 그러니까 부여에서 이주한 지 얼마 안 된 세력이자 낙랑과도 깊은 관계를 지닌 인물일 수도 있겠다. 시간을 더 투자하여 유물을 보면 볼수록 주인공에 대한 궁금증은 많아지지만 답을 모두 찾기란 쉽지 않아 보인다. 어쨌든 부여계 유물이 김포에서 출토되었기에 부여 전시실에서 해당 유물을 전시 중. 안타깝게도 부여 역시 만주에 위치한 국가였기 때문에 부여 관련 유물은 국립중앙박물관에도 겨우 이 정도뿐이다. 만주가 현재 중국에 속한 상황인지라 우리가 직접 유적지를 조사하여 유물을 소장하는 것은 쉽지 않으니까.

자! 이렇듯 한반도 최초의 금 귀걸이를 확인했으니, 이제 한반도에서 발견된 가장 오래된 금을 만나러 가보자. 그 전에 잠시 역사 공부를 좀 하고.

고조선과 낙랑

기원전 3세기 후반 연나라와의 전쟁에서 패배한 고조선은 요동에서 한반도 내부로 이동한다. 그리고 평양에 수도를 세우고 다시금 실력을 서서히 갖추게 되는데, 그 과정에서 중국과의 관계를 재설정한 뒤 북방의 흉노와도 적극적 교류를 이어갔다.

동쪽으로 조선을 정벌하고 현도와 낙랑을 세워 흉노의 왼팔을 끊었다. 서쪽으로 대완을 정벌하고 36국을 아우르며 오손과 관계를 맺고 돈황(敦煌) · 주천(酒泉) · 장액(張掖)을 세워 야강을 막아 흉노의 오른팔을 찢었다. 흉노 선우는 홀로 고립되어 멀리 막북으로 돌아갔다.

한편 동 시점에 중국은 춘추 전국 시대를 거치다 시황제의 진나라에 의해 기원전 221년 최초의 통일이 이루어졌다. 그리고 얼마 뒤 진나라는 무너지고 한나라가 그 뒤를 이었으니, 드디어 중국 역사에서 통일 왕조로서의 정체성을 갖추기 시작한 시점이기도 하다.

이런 흐름 속에서 남다른 포부와 꿈을 지닌 황제가 즉위하니 한 무제(漢武帝, 재위 기원전 141~기원전 87년)가 바로 그 주인공이다. 그는 무엇보다 흉노와의 결전에 국가적 지원을 아끼지 않았는데, 당시 몽골 지역을 중심으로 엄청난 군사력을 지니고 있던 흉노는 수만 대군을 동원하여 수시로 한나라를 공격했거든. 특히 유목민 특유의 기동성 높은 기병의 활약으로 한나라가 쉽게 대적하기 힘든 적이기도 했다. 이에 한 무제는 적극적으로 기병을 육성하여 흉노와의 대결에 임했으니, 무려 14만여 필의 말을 동원한 기병으로 북방을 공략하는 등 엄청난 에너지를 전쟁에 소모했다.

오랜 혈투 끝에 결국 흉노를 어느 정도 제압하자 한 무제는 동쪽에 위치한 고조선에도 5만 7000명의 대군을 파견하여 결국 기원전 108년, 1년 정도의 전쟁 끝에 고조선을 멸망시킨다. 오죽하면 이 당시 고조선을 흉노의 왼팔이라 언급한 것은 꽤 잘 알려진 내용이기도 하지. 이로써 흉노를 압박한 김에 중국에 위협이 될 수 있는 고조선까지 제압하여 주변 세력의 성장을 최대한 억제시키고자 한 것이다. 실제로 이때 한 무제는 비단 고조선뿐만 아니라 베트남과 중앙아시아의 여러 국가에도 병력을 보내 무너뜨렸다. 이렇듯 중국에 위협이 될 주변 세력을 미리미리 제압해두고자 한 것. 하긴 지금도 강대국에 의해 세계 어디에선가는 매번 자행되고 있는 모습이기도 하다.

이후 고조선의 수도가 있던 평양을 포함해 영향력이 강했던 영역에는 한나라 군현이 설치되는데, 그중 가장 유명한 것이 평양에 위치한 낙랑이다. 군현이 생긴 만큼 한나라에서 파견된 임기제 태수가 낙랑의 총책임자로서 통치했으며, 이와 더불어 중국인들이 대거 유입되면서 평양 지역의 사회 구조 역시 서서히 재편된다. 지금 눈으로 이해해보자면 과거 영국에 의해 관리되던 홍콩과 비슷한 분위기였을지도. 이때 홍콩 역시 영국에서 파견된 임기제 총독이 통치했으니까. 덕분에 영국인을 포함한 수많은 외국인이 홍콩에 들어와 살게 되었지. 중국이면서도 또 한편으로는 이국적인 느낌의 홍콩은 그렇

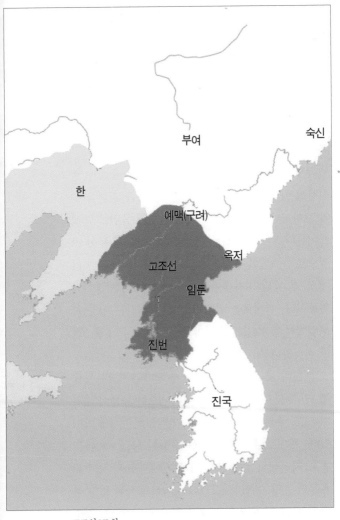

고조선 VS 한.

게 구성된 것이다. 낙랑 설치 후 평양도 이와 분위기가 유사했다.

여기까지 간략히 역사를 살펴보았으니, 한반도 최초의 금제품을 보기 전에 우선 흉노와 연결되는 유물부터 살펴보기로 하자. 한나라가 고조선을 "흉노의 왼팔"이라 칭했을 정도였던 만큼, 분명 관련된 유물이 존재할지 모르니까.

부여·삼한 전시실 한 부분에서 낙랑 유물을 전시하고 있다. 그런데 중간 벽쯤에 전시된 작품 중 누가 보아도 한국 유물 같지 않은 이국적 물건이 눈에 들어온다. 은으로 만든 행엽(杏葉)이라는 유물이 그것으로 총 6점이 전시되어 있는데, 이는 '말 띠 드리개'라 하여 말의 가슴이나 엉덩이 쪽에 거는 장식의 일종이다. 실제로는 석암리 219호분이라는 평양 쪽 무덤에서 총 12점의 행엽이 출토되었으나 이 중 6점만 전시하나봄.

자세히 보니 기린(麒麟)인지 천마(天馬)나 사슴(鹿)인지 모르겠지만, 뿔이 달린 기묘한 동물이 새겨져 있고 주위에는 붉은 구슬 같은 보석이 6개 박혀 있다. 무엇보다 이와 유사한 유물이 몽골, 즉 과거 흉노 지역에서 출토된 적이 있기에 흉노와 연결된 유물임을 알 수 있다. 그런데 행엽이 출토된 평양 석암리 219호분의 조성 연대는 학자마다 조금씩 기준

은으로 만든 행엽. ⓒ Park Jongmoo

이 다르지만 보통 기원전 1세기 후반으로 추정하고 있으니, 이는 곧 기원전 108년 고조선이 멸망한 직후 부장된 것임을 의미한다.

이처럼 해당 유물을 통해 한나라에서 "고조선을 흉노의 왼팔"이라 했던 당시 분위기를 얼핏 읽어볼 수 있겠다. 이 외에도 현재 박물관에서 전시하지 않았지만 기원전 3세기부터 기원전 1세기 후반에 걸쳐 북방과 연결될 만한 유물이 평양의 무덤에서 많이 출토되었다. 당시 평양에 자리 잡은 고조선이 중국뿐만 아니라 흉노 등 북방과도 적극적 교류를 이어갔음을 보여주는 고고학적 증거라 하겠다. 이처럼 낙랑이 세워지고도 한동안 북방과 연결되는 부장품이 이어졌다는 것은, 여전히 평양 토착 재지(在地) 세력*을 중심으로는 고조선 특유의 개성이 남아 있었음을 의미한다.

한편 기원전 2세기부터 세형동검과 더불어 철로 만든 긴 검이나 도끼, 화살 등이 부장품으로 함께 묻히는 등, 고조선의 중심지였던 평양에는 철기가 적극적으로 등장하는 분위기였다. 이렇게 철기를 무덤에 부장하는 문화는 고조선이 무너지고 기원전 108년 낙랑이 설치된 이후 더욱 가속도가 높아졌다.

---

* 한족인데 평양으로 이주하여 정착해 살다가 점차 재지 세력이 된 경우와 고조선 계로 평양에 쭉 지내던 토착 재지 세력을 말한다.

오죽하면 기원후 1세기 전반이 되면 철로 만든 무기를 포함하여 농기구로 사용된 철기까지 부장품으로 등장하기 때문. 당연히 돌보다 철로 만든 도구로 밭을 갈면 훨씬 효율적이니 농업 생산력도 이전보다 높아졌을 듯 보이지만 그럼에도 분명한 한계가 있었다. 당시에는 철로 만든 농기구는 부장품으로 주로 사용되었을 뿐 여전히 대부분의 사람들은 나무나 돌로 된 농기구를 사용했으니까.

그뿐 아니라 기원후 1세기 전반이 되자 북방과 연결되는 부장품은 평양 지역 무덤에서 거의 사라지고, 이를 대신하여 중국과 연결되는 유물이 대거 등장하기에 이른다. 정말 오랜 기간 사랑받았던 고조선 식 세형동검 역시 한나라 철검으로 완전히 대체되고 말이지. 한마디로 낙랑이 설치되고 100여 년이 지나자 평양은 어느덧 중국 문화에 익숙한 지역이 된 것이다.

이렇듯 평양 무덤의 부장품 변화 과정을 살펴보니, 어쨌든 기원전 2세기를 기점으로 점차 수준 높은 철기가 도입되기 시작했음을 알 수 있다. 기원전 1450~기원전 1200년경 철기를 본격적으로 사용하여 유명세를 얻은 히타이트(Hittite) 제국을 시작으로 메소포타미아에는 기원전 13세기, 이집트에는 기원전 12세기에 철기가 도입된 것과 비교하면 너무 느

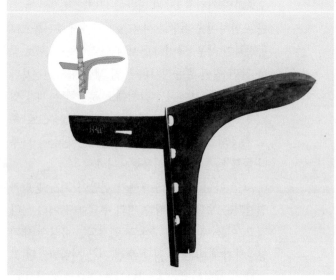

진나라가 전국 시대를 마감하고 천하를 통일할 때 사용한 청동 창(戈).
진시황제릉원박물원.

린 것이 아닌가 하는 의문이 들지도 모르겠으나 사
실 이는 중국도 비슷했다.

　예를 들면 전국 시대에 고조선과 전쟁을 하여 요
동을 장악한 연나라가 철로 무기를 제작했다고 하
지만, 이는 매우 한정적으로 생산하여 사용하는 수
준에 불과했다. 고조선 역시 기원전 4~기원전 3세기
부터 철기가 무덤 부장품으로 등장했지만, 이 역시
쇠노끼 등 소수에 불과했다. 즉, 연나라와 고조선 보

두 기원전 4~기원전 3세기만 하더라도 사용하던 철기의 질이나 양에 분명한 한계가 있었던 만큼, 사실상 청동기가 주력이었음을 의미한다.

오죽하면 기원전 3세기 후반 시황제의 진나라가 전국 시대를 마감하고 천하를 하나로 통일할 때에도 진나라 병력은 청동으로 만든 창과 화살을 주력으로 사용했을 정도였다. 결국 중국 역시 기술 발달로 철기가 크게 확산되는 시점은 시간이 더 흐르고 흘러 한나라가 세워진 지 60여 년쯤에 이르러서야 이루어진다. 즉, 기원전 2세기 시점이 되어서야 비로소 중국과 한반도 모두 진정한 철기 시대로 들어섰음을 의미한다. 다만 동시대 철기 수준과 제작 기술이 한반도보다 중국이 훨씬 높았기에 한반도는 한동안 고급 철기의 경우 중국 또는 낙랑에 의존할 수밖에 없었지만 말이지.

석암리 9호분

이제 낙랑 전시실의 하이라이트다. ㄷ자 형태의
낙랑 전시실에 전시 중인 유물 45% 정도가 한 인물
의 무덤 부장품으로 이루어져 있으며, 이는 평양 석
암리 9호분에서 출토된 유물이다.

우선 사람이 누워 있는 그림 위에 여러 옥기와 철
로 만든 검, 장신구를 배치하여 과거 무덤에서 어떤
모습이었는지를 보여주고 있다. 눈, 코, 입, 귀뿐만
아니라 항문까지 옥 장식으로 막았으며, 특히 둥근
형태의 큰 옥벽(玉璧)을 가슴에 올려놓았네. 이 당
시 옥이라는 보석의 가치가 엄청났던 만큼 상당히
호화스러운 모습이다. 음. 대충 이 시대 옥이 지금의
다이아몬드 가치와 유사하다고나 할까? 그렇담 이

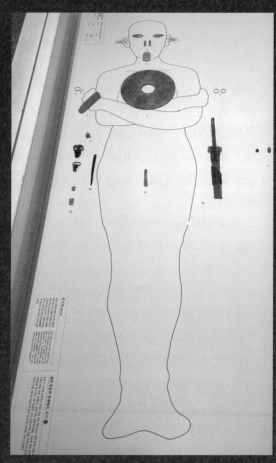

석암리 9호분에서 출토된 부장품. 옥벽 및 여러 옥기와 철로 만든 검, 장신구. ⓒPark Jongmoo

모습을 보면서 다이아몬드로 항문까지 막았다고 보면 이해하기 좋을 듯. 하하. 허풍 같다고?

화씨지벽(和氏之璧)을 조(趙)나라의 환관이 우연히 얻어 조나라 혜문왕(惠文王)에게 바쳤다. 이 소식을 강대국인 진(秦)나라의 소양왕(昭襄王, 재위 기원전 306~기원전 251년)이 듣고는 조나라 혜문왕에게 진나라 성(城) 15개와 화씨지벽을 맞바꾸자고 하였다.

이때 인상여(藺相如)란 사람이 사신으로서 화씨지벽을 가지고 진나라로 찾아갔는데, 진나라 소양왕은 화씨지벽을 받자 성을 준다는 약속을 어기려고 하였다. 그러자 인상여는 기지를 발휘해 옥에 있는 흠집에 대해 알려주겠다고 하며 화씨지벽을 돌려받았고, 이를 높이 들고 약속을 지키지 않으면 화씨지벽을 던져 깨버리고 자신도 죽어버리겠다고 위협하였다.

그러자 소양왕은 성을 주겠다고 약속하였으나 인상여는 그의 진의를 알았기 때문에 화씨지벽을 몰래 조나라로 돌려보냈다. 결국 인상여가 목숨을 걸고 지킨 덕분에 화씨지벽은 온전한 상태로 조나라로 돌아올 수 있었고, 이로부터 '옥의 얼룩진 흔적', '흠'을 뜻하는 '하자(瑕疵)'와 '온전한 상태의 옥', '결함이 없이 완전함'을 뜻하는 '완벽(完璧)'

이라는 고사가 나왔다.

《사기(史記)》 염파 인상여 열전(廉頗藺相如列傳)을 바탕으로 요약 정리

이처럼 전국 시대에도 훌륭한 옥의 경우 성 15개와 바꾼다는 말이 있을 정도였다. 그런데 화씨지벽처럼 발견된 옥을 둥근 형태로 깎고 다듬어 만든 것을 소위 옥벽이라 하니, 평양 석암리 9호분 주인의 가슴에 올려놓은 옥벽이 바로 그런 형태다. 이는 한나라에 들어와서도 왕이나 그에 버금가는 최상위 계급만이 사용하던 부장품이다. 옥이 시신의 부패를 막아준다고 믿었기에 귀하게 여기며 이처럼 사용했던 것.

그리고 사람이 누워 있는 그림 주변으로는 석암리 9호분에서 출토된 부장품을 상당수 배치하여 전시 중이다. 하나씩 살펴보면 중국제 여러 종류의 무기와 말 장신구, 최고 수준의 청동 그릇들, 잘 구워진 토기 항아리, 칠기 및 청동 거울과 여러 장신구 등이 있다. 당연히 그 숫자부터 질까지 이 시대 평양을 제외한다면 한반도 어느 누구도 함께하기 힘든 물건이었다. 특히 이 중 칠기의 경우 그 가치가 더욱 남다른데….

한나라 시대에 고급 칠기의 경우 청동기 10개 가치로 평가했으며, 《사기》 화식 열전에 따르면 칠기 한 점 가격이 1200전이라 되어 있다. 당시 낙랑군의

장관 월급이 1800~3000전이었기에, 이는 곧 장관급 지위라 할지라도 한 달치 월급으로 겨우 1~2점을 살 수 있었다는 의미. 이렇듯 여러 수준 높은 청동기만으로도 그 가치가 남다른데 칠기까지 갖추고 있었으니, 평양 석암리 9호분의 주인공이 분명 생전 엄청난 권력자였음을 보여준다. 그뿐만 아니라 칠기에는 글이 새겨져 있어 많은 정보를 우리에게 알려준다.

거섭 3년, 촉군 서공조, 승여휴주화저황구과반, 휴공 광, 상공 광, 동구황도공 충, 화공 광, 洏공 풍…

居攝 三年, 蜀郡 西工造, 乘輿髹洏畫紵黃釦果盤, 髹工廣, 上工廣, 銅釦黃塗工充, 畫工廣, 洏工豊…

한자는 일일이 찾아 쓰기 귀찮아서 이 정도에서 생략해야지. 어쨌든 새겨진 글은 거섭 3년(기원후 8년)이라는 중국 연호를 통해 언제 제작된 칠기인지 알려주며, 이 외에도 당시 칠기 제작을 맡은 지역과 장인 이름 및 감독관 이름 등이 새겨져 있네. 또한 조사 결과 부장품의 경우 새것이 아닌 이미 사용한 흔적이 있다 하니, 무덤 주인공이 제작된 칠기를 얼마간 사용하다 죽었을 가능성이 높다. 이렇게 칠기에 새겨진 글에 의하면 해당 묘가 만들어진 시기를

15

낙랑 고분에서 출토된 부장품 중 칠기. ⓒPark Jongmoo

기원후 8년 이후, 즉 1세기 초반으로 볼 수 있다.

대충 여러 부장품을 살펴본 듯하고, 이제 마지막까지 남겨둔 진짜 보아야 할 것을 만나야 할 차례. 국보인 금제 허리띠가 바로 그것이다. 한때 국보에 지정 번호가 있었을 때에는 국보 89호라 불렸으며, 지정 번호가 사라진 지금은 '평양 석암리 금제 띠고리(平壤 石巖里 金製 鉸具)'라 부르고 있다. 한마디로 버클이라 보면 되는데, 버클의 사전적 의미는 다음과 같다. "허리띠 따위를 죄어 고정하는 장치가

평양 석암리 금제 띠고리. ©Park Jongmoo

되어 있는 장식물."

그렇다. 혁대의 중심이라 보면 된다. 그런데 보시라. 황금으로 빛나는 이 찬란한 모습을…. 높은 순도의 금으로 만들어진 작품이자, 단순히 황금으로 만든 것을 넘어 세세한 조각이 마치 살아 있는 듯 다가온다. 더 자세히 보니, 가운데 중국을 대표하는 이상적 동물인 큰 용이 배치되어 있으며 그 주변으로 큰용을 따르듯 작은 용 6마리가 장식되어 있다. 또한푸른색의 터키석으로 중요 지점을 장식하고 있으며, 용의 비늘을 표현하듯 둥그런 작은 금붙이를 일일이 붙여 엄청난 공력으로 작품을 완성시켰다.

신장 위구르 자치구에서 출토된 금제 띠고리. 평양에서 출토된 것과 거의 유사하다.

　　석암리 9호분의 주인공은 이와 같은 황금 제품을 허리띠로 사용했으니, 금이 그나마 익숙해진 지금 눈으로 보아도 매우 놀라운데 황금 구하기가 쉽지 않았던 과거의 눈으로 본다면…. 굳이 말로 표현할 필요가 없겠군. 다시금 이 작품을 보며 감탄하는 것으로 대신한다. 더욱이 평양 이외 다른 한반도 문화권에서는 이 정도 수준으로 세공된 금제품을 석암리 9호분이 만들어진 이후에도 한참 동안 사용하거나 만들지 못했다. '평양 석암리 금제 띠고리'에 등장한 여러 세공 방법이야 어느 정도 시간이 지나 따라갔으나 그럼에도 도안, 즉 하나의 세계관을 이처럼 짜임새 있게 구성하지 못했으니까. 그만큼 이 작품의 가치는 남다르다는 의미.

자, 여기까지 살펴보니 평양의 한 권력자가 얼마나 대단한 문물과 함께했는지 알 수 있겠지. 다만 해당 인물이 누구이고 어떻게 이 정도 권력을 누리고 있었는지에 대한 상세한 설명을 하기에는 기록이 부족하다. 한나라는 주변 국가를 무너뜨린 후 군현을 운영하면서 지역 세력가, 즉 재지 세력에게 상당한 권력과 지위를 인정해주곤 했는데, 학계에서는 석암리 9호분의 주인공을 다름 아닌 그런 인물로 추정하고 있을 뿐이다. 즉, 평양의 재지 세력으로서 상당한 실력자. 그런 만큼 해당 실력자는 낙랑 통치와 운영에서 큰 역할을 맡았기에 한나라에서도 최고 수준의 금 공예품을 지원했던 것이다.

이처럼 석암리 9호분을 통해, 낙랑이 세워진 지 100여 년이 훌쩍 지난 1세기 전반이 되면 평양에서 중국의 문화 영향력이 무척 강해졌음을 확인할 수 있다. 그리고 금 역시 이와 같은 과정을 통해 한반도에 도입되었으니, 어쨌든 현재까지는 '평양 석암리 금제 띠고리'가 압록강, 두만강 아래의 한반도 영역에서 출토된 가장 이른 시점의 황금 제품이다.

그렇다면 궁금한 점이 과연 중국에서는 언제부터 황금이 도입되어 발전했던 것일까?

중국 역사 속 황금

중국 쓰촨성 싼싱두이(三星堆) 청동기 유적지에서 1986년 황금 가면이 출토되자 세계 고고학계는 큰 관심을 보였다. 중화 문명의 중심지로 하(夏)—은(殷)—주(周)로 이어지는 황하 문명이 오랜 세월 주목받고 있었는데, 그와 완전히 구별되는 독자적 청동기와 옥(玉), 더 나아가 금까지 활용하는 문화가 존재했기 때문. 지금은 중국으로 편입되어 그렇지 그 옛날에는 황하 문명으로 대표되는 중원 외에도 수많은 독자적 문명이 주변에 존재했던 것이다.

무엇보다 싼싱두이 유적에서 출토된 황금 유물은 기원전 1000년경 제작된 것으로 추정되는 만큼 이들이 상당히 오래 전부터 황금을 사용했음을 보

싼싱두이(三星堆) 청동기 유적지에서 출토된 황금 가면. 싼싱두이박물관.

여준다. 이처럼 독자적 문명을 보이던 쓰촨성이지만, 전국 시대인 기원전 316년 진나라에게 정복된 이후 중국 역사로 편입되어 지금에 이르고 있다.

그렇다면 황하 문명으로 대표되는 중원의 황금

산시성 한청시에서 출토된 춘추 시대의 옥으로 만든 검과 황금 칼집. 칼
집에는 북방 유목 문화에서 영향을 받은 문양이 조각되어 있다.

은 어떠했을까? 의외지만 춘추 시대 이전에는 황금
을 그다지 사용하지 않았다. 이에 금제품 역시 춘추
시대(기원전 770~기원전 403년)에 들어오면서 비로
소 서서히 늘어난다. 특히 디자인상 북방 유목민으
로부터 영향을 받은 금제품이 많이 출토되는 것으
로 보아, 중원이 본격적인 황금 시대를 맞이하는 데
외부 요인이 컸던 것으로 추정하고 있다.

그러다 전국 시대(기원전 403~기원전 221년)가
되니 이때부터 황금은 단순한 장신구를 넘어 엄청
난 무기가 되는데….

개에게 뼈다귀를 던져 주면

천하의 6국 사람들이 합종(合從)을 위해 조나라에 모여 진나라를 공격할 계획을 세우고 있었다. 그러자 진나라에서는 재상 응후가 소양왕(昭襄王, 재위 기원전 306~기원전 251년)을 안심시켰다.

"대왕께서는 걱정하지 마십시오. 제가 이를 막도록 하겠습니다. 대왕께서는 기르고 있는 개를 보십시오. 그 개들은 자거나, 일어서거나, 걷거나, 서 있거나 서로 상관하지 않습니다. 그러나 일단 뼈다귀 하나를 던져 줘보십시오. 그러면 즉시 벌떡 일어나 이빨을 드러내고 으르렁거릴 것입니다."

이에 진나라는 당저라는 인물에게 황금 5000근을 주고 조나라의 무안에 기거하며 매일같이 큰 잔치를 벌이며 사람들을 대접하도록 하였다.

이때 당저는 잔치를 베풀면서 "누가 와서 이 금을 차지할 것인가?"라며 뇌물을 뿌리고 사람을 만나니 어느 순간부터 진나라에 모인 6국 사람들은 이 황금을 놓고 서로 다투게 되었다.

결국 당저가 3000근을 다 쓰기 전에 합종책도 결렬되고 말았다.

《전국책(戰國策)》 진책편(秦策篇)을 바탕으로 요약 정리

전국 시대에는 1근이 252.8g이었으므로 5000근이면 약 1.26톤이다. 아무래도 중국 특유의 과장법이 많이 첨가된 것 같지만, 음. 어쨌든 전국 7웅(戰國七雄)이라 불리는 국가 중 6국이 힘을 합쳐 진나라를 공격하려 했는데, 황금을 이 정도 뿌려서 6국이 연합하여 진나라로 쳐들어오려던 것을 막았다는 이야기. 1.26톤의 황금이면 현재가로는 약 900억 원 수준이지만, 당시에는 황금 생산 능력이 지금에 비해 훨씬 떨어지던 시대였던 만큼 이를 감안하여 이해하자.

이렇듯 황금은 전국 시대 들어와 뇌물, 즉 화폐로의 기능도 가지게 된다. 이를 이용해 진나라는 북방 유목민으로부터 말을 구입하고, 더 나아가 외교에까지 적극 활용하면서 천하를 제패했던 것이다. 그리고 진나라에 이어 한나라에 들어와 황금 문화는 더욱 보편적으로 퍼져갔다. 참고로 한나라가 무너지자 한나라 황실의 종친이 후한을 건국하여 계승하는데, 그 가운데 신(新, 8~23년)이라는 나라가 중간에 잠시 존재했다. 즉, 한(漢)—신(新)—후한(後漢) 순서. 그런데 기록에 따르면 신나라 금고에는 황금 60여 만 근, 즉 무려 151톤의 황금이 있었다고 하는군. 이 수치가 당시 한나라 정부의 금 보유량이라 볼 수 있겠지.

이에 비해 대한민국이 2021년 시점 보유한 금은 불과 104톤이라는 사실. 선진국이라면 경제 위기 시 최후의 안전판을 유지하기 위해 외환 보유액의 10% 정도를 금으로 보유하고 있어야 한다. 그 경우 한국은 최소 1000톤은 있어야 하건만…. 참고로 한국은 외환 보유액의 1% 수준에 불과하나 미국, 독일, 프랑스 등은 외환 보유액의 60% 이상 비중으로 금을 보유 중. 21세기에도 금은 여전히 최고의 화폐 기능을 가지고 있다는 뜻이다.

잘 나가다 삼천포로 빠지지 말고 다시 박물관 이야기로 돌아와서. 어쨌든 한나라 시대 들어와 금 생산량이 크게 늘어나자 이와 비례하여 '청동기 + 황금' 조합은 갈수록 자연스러운 공예품이 되었다. 똑같은 물건에도 황금을 장식하느냐 안 하느냐에 따

한나라의 '청동기 + 황금' 조합. 같은 기형의 청동기일지라도 황금을 입혀 더 높은 격을 만들었다. 산시역사박물관.

라 격이 나뉘는 시대가 되었으니까. 예를 들어 위계에 맞추어 더 높은 계급에게는 금을 장식한 청동기를 준다면, 그보다 아래 계급에게는 같은 형태이나 황금 장식이 없는 청동기를 주는 방식이 바로 그것이다. 이렇듯 금을 각 계급에 맞추어 다양한 방식으로 제공하면서 금은 정치권력에 반드시 필요한 존재이자 도구가 되었다.

결국 중국의 황금 문화는 한반도에도 영향을 주었으니 앞서 본 3세기 고분에서 출토된 김포 운양동의 금 귀걸이, 1세기 고분에서 출토된 평양 석암리 9호분의 금제 띠고리가 그것이다. 당연히 한반도에서도 금을 사용하는 인물이라면 동시대 계급에서 격을 달리하는 최고위층에 위치했다.

자. 지금까지 보았듯이 황금은 기원전 3000년경 유라시아 대륙 서쪽부터 크게 흥행하다 드디어 동아시아까지 본격적인 발자취를 남기기 시작했다. 그렇다면 이제부터는 슬슬 한반도 내 본격적인 황금 문화의 발전 모습을 살펴볼 차례가 된 듯하다.

낙랑이 무너진 이후

한 무제가 고조선을 무너뜨리고 설치한 낙랑은 1 세기 들어오며 큰 위기를 맞이한다. 전성기를 지난 한나라가 무너지고 잠시 신(新)이 세워졌다가 다시 후한(後漢)으로 교체되는 등 중원에 큰 혼란이 생기 자, 이 기회를 틈타 평양의 토착 재지 세력이 독립을 꾀한 것.

토인(土人) 왕조(王調)가 낙랑군 태수 유헌을 죽 이고 스스로 '대장군 낙랑 태수'라고 칭하였다. 건 무 6년(기원후 30년) 광무제가 낙랑 태수 왕준으로 하여금 군사를 거느리고 가서 평정하도록 하였는 데, 요동에 이르자 왕굉과 양읍 등이 공모하여 왕조를 죽이고 왕준을 맞이하였다.

《후한서(後漢書)》 권76 왕경전(王景傳)

위 기록에 등장하는 토인(土人)은 이민족 토착민을 뜻하는 표현으로, 즉 평양 토착 재지 세력을 의미한다. 이처럼 평양 토착민인 왕조라는 인물이 중국에서 파견된 낙랑 태수를 죽이고 스스로 낙랑 태수가 되어 약 6년간 독자 세력을 유지했던 사건이다. 그만큼 평양에 낙랑이 설치되고 한참 시간이 지난 뒤에도 여전히 토착 재지 세력의 힘이 상당했음을 알 수 있다.

하지만 토착민이었던 왕조의 도전은 결국 실패로 돌아갔으니, 후한을 건국한 광무제가 군대를 파견하자 곧 무너졌기 때문. 그런데 이때 왕조를 죽인 왕굉은 기록에 따르면 그의 조상이 산둥반도에 위치한 낭야(琅邪) 출신이나, 한나라 문제 시대인 기원전 117년 바다를 건너 낙랑으로 왔다고 전한다. 마치 현재의 화교처럼 중원에서 건너와 낙랑에서 가문을 일군 집단이었던 것. 그 결과 낙랑의 한인 재지 세력이 된 것이다.

이처럼 1세기 시점의 낙랑은 기존의 고조선계 후손과 오래전 이주한 한인계 후손이 재지 세력으로 서로 견제하고 경쟁하며 지냈음을 알 수 있다. 그리고 이들은 평양 내에서는 나름 경쟁하는 사이였으나 외부에서 볼 때는 '낙랑인' 이라는 정체성에 묶여 함께했으니, 오죽하면 왕조와 왕굉의 예시를 보듯 고조선계 출신이든 한인계 출신이든 동일한 왕씨 성을 지니고 활동했을 정도니까. 이는 곧 평양이 주변 지역보다 문화적, 경제적으로 우월한 장소라는 자부심이 만든 정체성이기도 했다. 지금의 홍콩도 자신들을 홍콩인이라 부르지 중국인이라 부르지 않는 것처럼 말이지.

그러나 낙랑 주변에는 이전 고조선을 대신할 만한 새로운 세력이 날카로운 힘을 키우고 있었다. 고구려가 바로 그 주인공. 고구려는 때마침 부흥하는 철기 문화를 기반으로 주변 세력을 하나둘 정복하기 시작했는데, 세력이 커지면서 자연스럽게 한반도 내에서 가장 문화적, 경제적으로 수준 높은 지역인 낙랑을 노린다. 그리하여 고구려는 낙랑, 그리고 낙랑을 지원하려는 중국과 오랜 기간 혈투를 지속했고….

고구려는 오랜 집념과 노력 끝에 드디어 미천왕 때인 313년 낙랑을 축출하여 한반도 밖으로 쫓아내는 데 성공한다. 이로써 미천왕은 위대한 업적과 이름을 한민족 역사에 단단히 새긴 것이다. 그리고 5세기 광개토대왕에 이르러서는 과거 고조선의 또

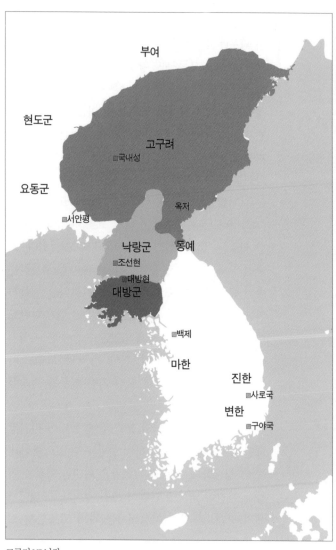

고구려 VS 낙랑.

다른 중심지였던 요동까지 되찾았으며, 장수왕 때에는 동시대 한반도 내 가장 발달된 지역인 평양으로 수도를 옮기면서 그야말로 최고 전성기를 맞이한다. 이 시기 평양은 고구려의 수도이자 한반도 최고의 도시였다. 한마디로 지금의 서울급 위상.

그렇다면 고구려에 의해 낙랑이 축출된 후 낙랑인은 어떻게 되었을까? 우선 일부 낙랑인은 중국 요서 지역으로 이주했다. 당시 중국은 후한이 멸망한 뒤 얼마 지나지 않아 5호 16국의 분열 시기였다. 요서에는 유목민 선비족이 세운 연나라가 세워졌는데, 낙랑인은 이곳에 머물며 절치부심하며 기회를 엿본 것이다. 그러나 고구려는 평양 지역을 멸망하는 마지막 순간까지 통치했기에 조상의 고향으로 돌아가려는 낙랑인의 꿈은 결국 실패로 돌아간다.

그럼에도 불구하고 중국으로 이주한 낙랑인은 그들의 정체성을 꽤 오랜 기간 유지했으니, 《위서(魏書)》에 따르면 5세기 중엽 북위의 황후인 문성문명 황후(文成文明皇后) 풍씨의 가계를 설명하면서 그의 어머니가 다름 아닌 '낙랑 왕씨'라 기록하고 있으니까. 황실과도 연결되는 실력 있는 가문으로 존속한 것이다. 이 외에도 6세기 초까지 자신을 낙랑인이라 칭하는 기록이 여럿 등장하는 것으로 보아, 멸망 후 200여 년이 지난 시점까지도 중국에 살던 낙랑 유민들은 그들의 정체성을 이어갔음을 알 수 있다.

반면 고구려에 편입된 낙랑인은 자연스럽게 고구려 통치를 받아들인다. 고구려 역시 한동안 유화 정책으로 서서히 이들을 동화시켰고, 장수왕 때 평양이 고구려의 수도가 되면서 고구려 수도민이라는 정체성까지 갖춘다. 이 후 고구려민이 된 낙랑, 그러니까 평양 사람들은 668년 고구려가 멸망하는 마지막 순간까지 중국의 통일 왕조인 수·당과 처절하게 싸웠으니, 이는 곧 자신들을 더 이상 중국과 연결되는 집단이 아닌 고구려인으로 인식했음을 의미한다.

그뿐만 아니라 낙랑인은 백제로도 이주했다. 백제 역사서를 썼다는 고흥, 백제에 의해 일본으로 파견되어《논어》,《천자문》을 알려주었다는 왕인 등이 바로 그들이다. 낙랑 유물을 조사해보면 왕씨뿐만 아니라 고씨, 장씨 등의 성을 지닌 인물이 등장하는데, 이들 중 일부가 낙랑에서 사용하던 성씨를 그대로 지닌 채 백제로 이주하여 백제인으로 살게 된 것. 당연히 이들 역시 오랜 세월과 함께 자연스럽게 백제에 동화되어 백제인으로 살아갔다. 그리고 그 과정에 왕인처럼 백제에 의해 일본으로 건너간 낙랑계 백제인도 있었고.

이렇듯 낙랑이 무너지면서 평양을 기반으로 살아가던 사람들은 각자의 선택과 결정에 따라 나뉘어 다양한 세력의 품 안으로 들어갔다. 한반도 품 안에 잠시 있다가 퍼져나간 오랜 역사 속 수많은 종족들 중 하나가 된 것이다. 다만 근대 이후 여러 환경적 요소 때문에 그동안 한반도 역사에서 낙랑이 껄끄러운 존재로 인식되었던 것은 분명한 사실이다. 특히 근대에 일본이 낙랑에 대한 왜곡된 개념을 많이 퍼뜨렸지.

그러나 낙랑 멸망 후 백제 근초고왕이 오히려 낙랑 태수라는 칭호를 적극 사용하며 중요하게 여겼고, 마찬가지로 고구려는 낙랑공(樂浪公), 신라는 낙랑 군공(樂浪郡公)이라는 칭호를 사용하며 중요하게 여겼다. 이렇듯 고대 한반도에서 낙랑은 단순히 한나라 군현이라는 의미를 넘어 중국과 연결되는 문화적 다리 이미지로서 존속했다. 결코 부정적 이미지로만 이어진 것이 아니었다는 의미. 그렇다면 고구려가 낙랑을 쫓아낸 후 그 이미지를 자신의 입맛에 맞게 변형하여 사용하고, 백제와 신라 또한 그 변형된 이미지를 사용한 부분 역시 한반도의 승리한 역사가 만들어낸 여유가 아닐까?

만약 한 무제가 의도한 방향대로 낙랑의 역사가 한반도에서 계속 흘러갔다면, 지금의 나 역시 중국

말로 이야기하고 중국어로 글을 쓰고 있겠지. 하지만 청동기 시대 독자적 황금 문화를 자랑하던 쓰촨성 싼싱두이 고대 문명이 중원으로 편입된 후 지금까지도 중국의 부분이 된 것과는 완전히 다른 역사를 우리는 이룩한 것이다. 또한 동아시아에서 경제, 인구 등에서 80% 이상 차지하던 중국과 국경을 직접 접하던 종족, 국가 대부분이 지금은 중국으로 흡수되어 사라진 것에 비하면 더욱 우리의 역사에 자부심을 가질 만하다.

그런 만큼 이제는 낙랑에 대한 그동안의 불편한 느낌을 일정 부분 지우고, 낙랑을 한반도 역사의 흐름 중 하나로 이해하는 것이 필요한 시점 아닐까, 라는 생각을 조심스럽게 해본다.

4

고구려의 전성기

부여 이야기

자. 이제 다음 코스인 고구려 전시실을 향해 이동
한다. 박물관 통로를 따라 쭉쭉 걸어가는 중 갑자기
드는 생각. 고구려 하면, 음…. 가장 먼저 건국자인
고주몽이 생각나고, 고주몽을 생각하니 그가 부여에
서 탈출하여 고구려를 건국했다는 전설이 생각나
네. 그리고 부여를 생각하니, 아무래도 한국사의 뿌
리로서 고조선만큼 남다른 의미가 있는 나라가 아
닐까 하는 생각이 드는군.

우선 잘 알려져 있듯 고구려는 부여에서 일부가
나와 만든 나라이며, 백제 역시 나중에 '남부여' 라
나라 이름을 바꿀 정도로 부여와 뿌리가 연결되는
국가다. 삼국 시대를 대표하는 고구려, 백제, 신라 중 무려 두 나라가 다름 아닌 부여의 후손이라는 의미. 그럼에도 불구하고 방금 부여 전시실에서 보았듯 국립중앙박물관마저 부여에 관한 전시 자료가 무척 빈약한 상황이다. 3세기 고분에서 출토된 김포 운양동 금 귀걸이와 일부 유물 정도만 소개하고 있으니까.

그래서 고구려 전시실에 들어가기 직전, 그 뿌리인 부여에 대해 간단히 정리해볼까 한다. 부여는 기원전 3세기 말에서 기원전 2세기 초반에 만주 지역, 더 구체적으로는 중국 지린시 일대에 세워진 고대 국가로 알려져 있다. 동시대 평양으로 이주했던 고조선보다 훨씬 북쪽에 위치. 그리고 3세기 중반까지 안정적인 통치를 통해 상당히 강력한 국가로 존재했으니,

그 나라는 매우 부강하여 선대로부터 일찍이 적에게 파괴된 일이 없다.

《위략(魏略)》

라는 기록이 있을 정도였다.

《위략》은 소설 《삼국지》로 유명한 위, 촉, 오 중 위(魏)에서 쓴 역사서로 3세기 후반 여러 기록을 정리하여 만든 책이라 전해지고 있다. 그런 만큼 《위략》이 만들어진 시점에도 여전히 부여가 상당히 강

했음을 알려주는데, 오죽하면 적으로부터 도성이 파괴된 적이 한 번도 없다고 할 정도였다.

그 나라 사람들은 체격이 크고 성품은 군세고 용감하며 근엄·후덕하여 다른 나라를 쳐들어 가거나 노략질하지 않는다.

《후한서》 동이 열전(東夷列傳) 부여

또한 당시 부여는 중국과의 관계가 원만한 편이었으며, 덕분에 중국과 교류가 꾸준히 이어졌다. 이에 중국에서도 매우 긍정적인 내용으로 부여를 묘사한다. 위의 언급이 바로 그것이다. 물론 이러한 부여 역시 수틀리면 무력을 보여주기도 했으니, 111년에는 부여 왕이 이끄는 보병과 기병을 합친 7000~8000명이 낙랑을 공격하기도 했으며, 167년에는 2만 명으로 또 다른 한나라 군현인 현도군을 공격하기도 했다. 즉, 중국과 평화적 관계 및 교류를 이어가되 무력도 간간이 동원하는 등 강온 양면 정책을 펼쳤던 것.

이러한 부여에 대해 중국 역사서에는 재미있는 기록이 남아 있다.

북쪽 오랑캐 탁리국(橐離國) 왕의 시녀가 임신

하였다. 그래서 왕이 그녀를 죽이고자 하였다. 시녀가 말하기를 "달걀 같은 기운이 하늘로부터 저에게 내려와 임신을 하게 되었습니다."라고 하였다. 그 후에 아들을 낳았는데, 왕이 돼지우리에 버렸으나 돼지들이 입김을 불어주어 죽지 않았다. 다시 마구간으로 옮겨 말에 깔려 죽게 하였으나, 말도 입김을 불어주어 죽지 않았다. 왕은 하늘의 아들이 아닐까 의심하여 어미에게 아이를 거두어 종처럼 천하게 기르도록 하였다. 이름을 동명(東明)이라 하고 말을 기르도록 명하였다.

동명은 활을 잘 쏘았는데, 왕은 동명에게 나라를 빼앗길까 두려워하여 그를 죽이고자 하였다. '동명'이 달아나 남쪽으로 엄호수(掩淲水)에 이르렀다. 활로 물을 치자, 물고기와 자라가 떠올라 다리를 만들었다. 동명이 건너자 물고기와 자라들이 이내 흩어져서, 쫓던 병사들은 건널 수가 없었다. 동명은 도읍을 정하고 부여의 왕이 되었다. 그런 까닭에 북쪽 오랑캐 땅(北夷)에 부여국이 생겨났다.

《논형(論衡)》 길험(吉驗)편

이는 후한(後漢)의 학자 왕충(王充, 29~97년)의 저서 《논형》에 남겨진 부여의 건국자 동명왕의 이야기로, 고구려의 고주몽 이야기와 구조가 무척 유사하여 큰 주목을 받는 내용이기도 하지. 그런데 이 기록과 더불어 중국 지린시 일대의 부여 유적지를 조사하다보니 재미있는 흐름이 도출된다.

1. 중국 지린시 일대의 기원전 1세기부터 기원후 1세기 초반까지의 무덤을 조사해보니, 전통적인 북방 초원 문화 유물이 많이 출토되었고,
2. 중국 지린시 일대의 1~4세기 무덤을 조사해보니, 북방 초원 문화 영향이 점차 줄어드는 대신 중국 문화의 영향이 강해지고 있었다.

이처럼 북방 초원 민족 성격을 지닌 집단이 어느 시점 정착을 한 후 중국 문화를 수용하며 문화적으로 변화되는 과정이 조사를 통해 드러난 것이다. 이를 바탕으로 볼 때 부여의 동명왕 전설은 다른 지역에 있던 북방 초원 민족 성격을 지닌 집단이 멀리 이주하여 정착하는 과정을 축약한 전설이 아닐까? 물론 이보다 세밀한 과정의 흐름은 더 많은 조사 결과가 나와야 탄탄히 구성할 수 있을 듯한데, 문제는 중국 측에서 부여 고분에 대한 조사 내용을 잘 공개하지 않는다고 하는군.

자. 여기까지 보았듯이 우리 민족의 또 다른 뿌리인 부여는 고조선에 비해 북쪽에 위치한 만큼 북방

중국 지린시의 부여 무덤에서 발견된 금 귀걸이. 김포 운양동 금 귀걸이와 거의 비슷하다. 궁금하면 잠시 75쪽으로 이동.

초원 민족 성격이 강한 편이었다. 실제 부여 무덤을 보면 말 머리나 말 이빨이 함께 매장되는 등 북방 민족의 매장 풍속이 보이니까. 이와 관련한 전시로는 한국과 몽골이 공동으로 발굴 조사한 내용을 바탕으로 구성한 '초원의 대제국, 흉노: 몽골 발굴조사 성과전'이 있다. 2013년 국립중앙박물관에서 펼쳐졌던 이 전시에서는 흉노 무덤에 함께 매장된 말 등이 등장하여 매우 인상적이었거든. 다만 여기서 나의 주장은 부여가 흉노의 일족이라는 뜻은 아니며, 북방 민족의 풍속이 보인다는 의미. 즉, "부여가 북방 민족의 영향을 많이 받았다."라는 것이다.

그뿐 아니라 몽골 지역에서 발견되는 흉노와 같

은 북방 민족 무덤처럼 중국 지린시의 부여 무덤에서도 금 세공품이 많이 발견되었으니, 금 귀걸이가 대표적이다. 출토된 여러 종류의 부여 금 귀걸이 중에는 김포 운양동 금 귀걸이와 거의 비슷한 물건도 있었다. 부여의 금 귀걸이가 중요한 것은 나름 이것이 한반도 전역으로 퍼지는 금 귀걸이 문화의 기원이기 때문이다. 부여의 영향으로 고구려, 백제 그리고 더 시간이 지나 신라, 가야까지 금 귀걸이를 만들면서 한반도를 대표하는 금 세공품 중 하나로서 이어지게 되니까.

이는 곧 낙랑 유적에서 출토된 '평양 석암리 금제 띠고리'는 1세기 초반 중국 한나라로부터 받은 물건으로서 한반도 문화권에서는 이와 같은 디자인을 계승하지 않고 단발성 이슈로 마무리되지만, 부여의 금 귀걸이는 꾸준히 다양한 방식으로 제작, 계승하여 우리 문화로서 남게 되었다는 의미이기도 하다. 그런 만큼 부여가 우리 역사의 뿌리로서 남다른 의미를 지녔다는 증거 중 하나로 볼 수 있겠다. 또한 한반도의 금 문화가 중국뿐만 아니라 북방 초원을 통해 들어오기도 했음을 알려준다.

자. 여기까지 부여를 간략히 공부했으니 이제 고구려 전시실로 들어가서 고구려가 만든 금 문화를 살펴보기로 할까?

전투 민족 고구려

　고구려 전시실에 들어왔더니, 이제 좀 전시 유물
들이 컬러풀한 느낌이 드는군. 사실 전시 공간의 규
모는 우리에게 익숙한 고구려라는 명성과 이미지에
비해서는 그리 넓지 않다. 이 역시 전성기 시절 고구
려의 주요 공간이 현재 북한과 중국 영역인 데서 비
롯한 안타까운 모습.

　그럼에도 불구하고 슬쩍 전시실을 돌아보아도
다양한 금 세공품 덕분에 눈이 호강하는 느낌이며
이 외에도 전시된 청동기, 철기, 토기, 회화 등이 훌
륭하네. 이처럼 높은 완성도와 다양한 색감을 지닌
유물을 잔뜩 만나자 확실히 이전과 다른 새로운 시
대가 열렸음을 느낄 수 있다. 지금까지 박물관 전시

순서를 따라가며 보았던 소위 원삼국 시대라 불리는 시대에 비해 고대 국가로 완벽히 성장한 나라의 유물 수준은 역시 격이 다르다. 달라.

아, 참. 원삼국 시대(原三國時代)는 초기 철기 도입 시기인 고조선이 멸망한 시점부터 시작하여 대략 3세기 시점까지를 의미한다. 또한 근원이라는 의미의 원(原)이 들어간 만큼 고구려, 백제, 신라 등 한반도를 대표하는 고대 국가들의 국가 체제가 완전히 정립되지 않은 시기를 포괄하여 설명하기도 한다. 다만 국가마다 성장 속도와 발전 과정이 각기 달랐기에 딱 확정된 시기와 공간으로 정의 내리기는 힘들며, 이에 여전히 논란이 많은 용어이기도 하다.

사실 이 시기만 하더라도 한반도 북부와 한반도 남부는 최소 100년 이상의 문화, 경제 수준의 격차가 있었다. 고구려를 대표로 하는 북방과 신라, 가야 등 한반도 남부 간의 정치, 문화, 경제 차이가 그렇다는 의미. 한편으로 너무 놀랄 일은 아닌 것이 현재의 한반도 안에서도 대한민국과 북한은 최소 50년 이상의 문화, 경제 격차를 보이고 있으니까. 당연히 수백 년 뒤 한반도 사람들 역시 박물관을 방문하여 21세기 대한민국과 북한에서 각각 동시대에 사용했던 물건을 보는 순간, 가까운 지역 내에서도 문화적, 경제적으로 이처럼 큰 격차를 지녔던 것에 매우 놀라겠지.

한편 이 시점만 하더라도 선진 문화를 받아들이기에 매우 유리했던 북방에 위치했기에, 고구려는 그 어떤 한반도 영역의 국가들보다 빠른 시점에 고대 국가로 성장할 수 있었다. 이 당시 선진 문물은 1) 북방 초원을 통해 들어오는 것과 2) 중국을 통해 들어오는 것. 이렇게 크게 2가지 루트가 존재했는데, 이 모든 루트를 갖춘 나라가 다름 아닌 고구려였기 때문.

그리고 이러한 고구려의 성장 과정에는 중국과의 대립과 전쟁도 한몫했으니.

> 그 나라 사람들은 성질이 흉악하고 급하며, 기력(氣力)이 있고 전투를 잘하고 노략질하기를 좋아하여 옥저(沃沮)와 동예(東濊)를 모두 복속시켰다.
>
> 《후한서》 동이 열전 고구려

오죽하면 중국 측 기록에는 고구려 사람들이 흉악하고 성격이 급하며 전투를 잘한다고 표현할 정도였다. 이는 중국과 비교적 친한 관계를 유지하던 부여를 설명하는 내용과 크게 대비되는 부분. 무엇보다 '노략질'이라는 표현이 주목되는데, 《후한서》 동이 열전의 고구려에 등장하는 기록 대부분이 고구려와 한나라가 전투하는 내용인 만큼 중국 입장에서 고구려를 어떻게 보았는지 잘 보여준다.

반대로 고구려 입장에서 중국은 자신의 성장을 꾸준히 방해하는 존재였다. 조금 규모가 커진 것 같으면 중국은 자신을 따르는 부여 등 여러 북방의 종족과 연합하여 고구려를 쪼듯 공격하곤 했으니까. 이에 더 큰 국가가 되기 위해서는 반드시 중국 세력을 저 멀리 쫓아내야 했다.

　그 결과 전투 민족 고구려는 남다른 끈기와 힘을 바탕으로 미천왕이 313년 낙랑을 무너뜨렸고, 그 뒤에도 계속된 영토 확장으로 중국도 무시할 수 없는 동북아의 강자 위치에 올라선 것이다. 이곳 유물들이 바로 그 시점 고구려의 영광을 여실히 보여주고 있네. 그리고 사라진 중국 영향력을 대신하여 만주, 한반도 북부에 존재하던 여러 종족과 국가를 고구려 영향 아래 적극적으로 편입시킨다. 이때 고구려로 편입된 종족으로는 말갈, 거란, 선비 등 유목 계열부터 한족, 옥저, 동예 등 무척 다양했다. 한때 고구려의 뿌리였던 부여 역시 이런 과정 중 어느 순간 고구려로 흡수되었고….

　그럼, 이번 관람의 목적인 황금 유물을 구체적으로 확인하기 전에 어디부터 들를까? 그래. 우선 고구려 회화를 보며 요즘 부족해진 내적 에너지부터 충전해야겠다. 그 그림을 볼 때마다 묘한 에너지를 받거든.

강서 대묘

고구려 전시실 오른쪽에 위치한 방으로 들어가면 마치 고분 내부를 그대로 옮겨온 것 같은 장소가 등장한다. 그리고 이 방에는 고구려를 대표하는 벽화인 평안남도 강서군에 있는 강서 대묘의 사신도(四神圖)가 전시되고 있는데. 오! 에너지가 엄청나다. 엄청나. 과연! 고구려의 힘.

사신도는 동쪽의 청룡(靑龍), 서쪽의 백호(白虎), 남쪽의 주작(朱雀), 북쪽의 현무(玄武), 이렇게 각 방위의 수호신 넷의 그림을 의미한다. 동양 특유의 세계관을 사각의 무덤 구조에 펼쳐 보인 것으로, 무덤 주인의 죽은 후 삶을 사신에 의해 보호받도록 만든 것이다. 특히 이들 신(神)을 그린 힘 있는 선과 과감

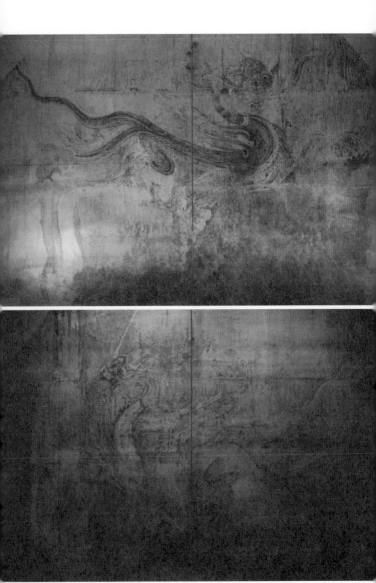

강서 대묘 사신도. 위에서부터 시계 반대 방향으로 청룡, 백호, 주작, 현무.

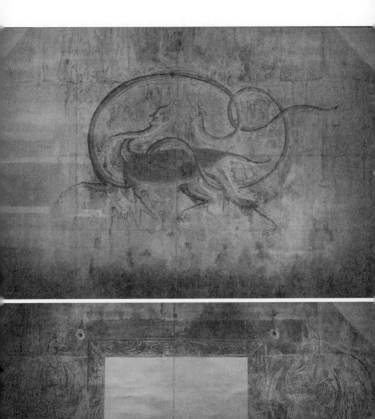

한 표현 및 색감은 감히 한국을 대표하는 회화로서 손꼽는 데 주저하고 싶지 않게 만든다. 이처럼 1300년을 훌쩍 지난 지금까지 고구려의 기상을 그대로 우리에게 전달하고 있으니 감사할 뿐.

사신 각각의 의미와 관련 이야기는 인터넷이나 정보 자료를 통해 쉽게 얻을 수 있을 테니 넘어가기로 하고, 이 기회에 나는 조금 다른 이야기를 좀 해볼까 한다. 사실 현재 고구려 전시실에 전시 중인 사신도는 무덤의 벽화를 그대로 뜯어온 것이 아니라 일제 강점기인 1912년에 세밀히 모사한 작품이다. 어느덧 100년을 넘었네. 모사는 "어떤 그림의 본을 떠서 똑같이 그림"이라는 의미를 가지고 있다. 그렇다면 왜 사진을 찍지 않고 그림으로 모사를 뜬 것일까? 스마트폰에 사진 기능이 있는 것이 당연한 지금 기준으로 보면, 그냥 사진을 찍으면 끝 같은데 말이지. 마침 지금 이 순간에도 이 방에서는 사신도를 찍는 사람이 많이 보이네.

문제는 일제 강점기까지만 해도 컬러 사진 기술이 그다지 발달하지 않았다는 점. 특히 어두운 장소에서는 사진이 잘 나오지 않았다. 그래서 무덤 외부나 조사 과정을 기록으로 남길 때는 주로 사진을 사용했지만, 내부 벽화는 사람의 손으로 일일이 베껴 그리기로 했던 것이다. 그 과정에서 가능한 한 거의 동일하게 모사하는 방법을 고민한 결과, 일본인 조사단이었던 화가 오바 쓰네키치(小場恒吉, 1878~1958년)는 얇은 종이 여러 장을 무덤 벽면에 붙여 그림을 그대로 베껴낸 뒤 현장에서 물감으로 색을 하나하나 맞추어 거의 동일한 색을 찾아 칠하는 방식으로 모사했다. 이렇게 약 70일간 모사도를 그린 뒤 작업실로 옮겨 마무리 작업 및 손질을 끝내고 완성시켰으니, 지금 눈에 보이는 그림이 그 결과물이라 하겠다.

모사도임에도 이처럼 벽화를 그대로 옮겨 그렸기에 실제 사신도의 느낌이 잘 살아 있는 것이다. 다만 내가 직접 사신도가 그려진 강서 대묘를 방문하여 내부를 구경한 적은 없으니, 진품의 느낌은 알 수 없다는 것이 아쉽네. 직접 보는 것은 아마 통일이 되어야만 가능하겠지? 한편 강서 대묘의 벽화는 고구려의 승리한 역사를 보여주는 또 다른 증거이기도 하다.

요동에 고조선이 있었을 시절, 중국 전국 시대 7웅 중 하나였던 연나라에게 크게 패하여 고조선이 한반도 안으로, 즉 평양으로 이주한 이야기를 했었다. 그리고 고조선은 한 무제가 요동에서 평양으로 파견한 5만의 병력으로 인해 최종적으로 멸망한다.

한나라 시절 요동 태수는 낙랑, 부여 등과 손잡고

고조선에 이어 북방에서 세력을 모으던 고구려를 자주 공격했다. 그러다 한나라가 후한을 거치며 무너지자 요동 태수 공손연은 연왕(燕王)을 칭하며 독립했으니, 과거 전국 7웅 중 연나라 영역이 고조선에 이어 고구려와도 계속 대결을 펼쳤음을 보여준다.

그리고 5호 16국 시대가 되자 이번에는 내몽골에서 유목 생활을 하던 선비족의 모용씨(慕容氏)가 요동을 장악하고 연나라를 세웠다. 이를 역사서에서는 전연(前燕, 337~370년) → 후연(後燕, 384~407년) → 북연(北燕, 407~436년)으로 기록하고 있다. 다만 마지막 북연의 경우 왕이 선비족이 아닌 고구려인과 한인으로 이어졌으나 나머지 지배층 구성은 거의 동일했기에 소위 삼연(三燕), 즉 세 개의 연나라라고 묶어 부르기도 한다.

이때 삼연과 고구려는 매우 치열한 공방을 펼쳤는데, 342년만 하더라도 당시 고구려의 수도인 국내성이 연나라의 4만 병력에 의해 함락되고 5만 명의 고구려인이 포로가 되어 연나라로 끌려가는 등 고구려가 엄청난 피해를 보았다. 이후 연나라는 중국 동북 지역을 거의 다 장악하는 등 한동안 엄청난 전성기를 구가한다.

이에 고구려는 중장기병을 육성하는 등 각고의

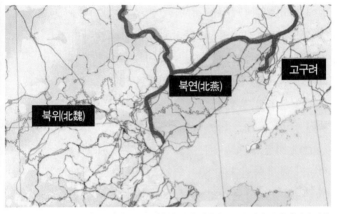

고구려 VS 삼연(三燕). 최후의 순간 연나라는 고구려와 북위 사이의 완충 국가로 지내다 멸망하게 된다.

노력 끝에 광개토대왕(재위 391~412년) 때는 반대로 연나라를 압박하며 큰 승리를 거두었고 요동 지역을 연나라로부터 가져왔다. 그리고 장수왕(재위 412~491년) 때가 되면 연나라는 사실상 고구려의 속국처럼 되었고, 마지막 멸망 시점인 436년에는 고구려 군대가 연의 수도로 파견되어 연나라 왕족, 백성, 물자를 고구려로 대거 옮겨온다. 이때 고구려로 이동하는 연나라 행렬이 무려 80리에 이르렀다고 하며, 이를 바탕으로 연나라에서 고구려로 옮겨진 사람 수가 10만 명에 이를 것으로 추정하더군.

즉, 지금의 베이징(北京), 요서, 요동에 걸쳐 위치하던 연나라와 고조선 시기까지 합치면 무려 수백 년에 걸친 혈투 끝에 최종 승리한 것이니, 그 의미가 상당하다고 하겠다. 특히 선비족의 삼연과 고구려 전쟁만 따로 떼어서 보아도, 5만의 백성을 뺏긴 큰 패배를 털고 일어나 약 90년 뒤 반대로 10만의 백성을 뺏어온 승리를 만든 고구려의 끈기는 실로 대단했던 것.

근대 시절 실패로 일본에게 굴욕의 식민지가 되었다가 이제 독립한 지 80여 년이 된 대한민국 역시 고구려처럼 가까운 시일 내 최소한 경제, 문화 능력에서 일본을 능가하는 모습을 보여줄 수 있겠지? 고구려의 예시를 보듯 아무리 굴욕적인 역사라 할지라도 이를 제대로 갚아준다면 과거의 실패는 위대한 역사를 위한 일부로서 기억될 뿐이다. 역사에 남겨진 세계의 위대한 국가들 모두 실패에서 그대로 주저앉지 않고 최종 승리를 거두며 이름을 올린 것을 기억하자. 하물며 현재의 패권 국가인 미국도 처음은 영국의 식민지에서 시작했다.

이러한 역사의 흐름 중 고구려의 벽화 무덤 문화 역시 크게 발달한다. 중국의 영향을 받아 처음 제작되던 벽화 무덤은 4~5세기 연나라와의 혈투 중 더욱 발전된 모습을 보였으며, 최종적으로 연나라를 경쟁에서 완전히 압도하는 시기부터는 중국과 구별되는 고구려의 독자적 세계관을 벽화에 선보였기 때문.

특히 선비족 모용씨가 지배하던 연나라의 벽화 무덤이 현재까지 불과 6기 정도만 발견된 것에 비해, 고구려에서는 무려 120기에 다다르는 벽화 무덤이 발견될 정도로 큰 유행을 했다.

이러한 고구려 벽화 무덤의 꽃 중의 꽃인 강서 대묘 벽화는 연나라를 꺾고 고구려 전성기가 이어지던 6세기 말에 제작되었으니, 이 시기가 되면 다양한 세계관과 주제를 대거 배치하던 벽화 문화에서 벗어나 과감하게 사신도만으로 벽화를 장식한다. 그럼에도 불구하고 간략하게 표현된 주제의 그림이 오히려 밀도 높은 탄탄한 세계관을 구성하면서 그 어떤 벽화 무덤보다 매력적인 공간을 만들어낸 것이다.

하지만 이처럼 위대한 업적을 거둔 고구려에게 어느덧 중국 통일 왕조의 견제가 시작되었다. 그 상대는 다름 아닌 수와 당. 문제는 수와 당이 역대 중국 역사 중 가장 손꼽히는 전성기 시절이었다는 점. 고구려 입장에서는 만만치 않은 적의 등장이었다. 그 결과 7세기 전후부터 고구려와 통일 제국 수, 당 간에는 수십 년에 걸쳐 어마어마한 전쟁의 시대가 펼쳐지게 되니….

자. 이곳에서 할 이야기는 여기까지.

신라에서 발견된 고구려 유물

　강서 대묘의 사신도를 구경하고 나온 후 이제 고
구려의 청동기와 황금 유물을 하나하나 세세히 살
펴본다. 이번 박물관 투어의 중요한 목표가 '청동 +
금 = 금동반가사유상의 재료인 금동', 즉 금동반가
사유상이 완성된 시점까지의 한반도 모습을 금과
청동기를 중심으로 읽어보는 것이니까.

　이 중 가장 먼저 내 관심을 끄는 청동기는 '을묘
년국강상광개토지호태왕호우십(乙卯年國岡上廣開
土地好太王壺杅十)'이 새겨진 호우총 청동 그릇이
다. 해석을 하면 '을묘년, 국강상광개토지호태왕을
기념하며 만든 그릇'이니, 이는 곧 광개토대왕이 죽
은 지 3년째인 을묘년(415년)에 광개토대왕 제사를

(위) '을묘년국강상광개토지호태왕호우십(乙卯年國岡上廣開土地好太王壺杅十)'이 새겨진 호우총 청동 그릇. (아래) 네 귀 달린 청동 항아리.
©Park Jongmoo

위해 특별히 제작된 그릇임을 의미한다. 이때 신라 측 사신이 광개토대왕 제사에 참가한 김에 제사 그릇 중 일부를 받아왔던 모양이다. 왜 그렇게 예상을 하냐면 이 그릇이 고구려에서 제작된 것임에도 신라 경주 고분에서 부장품으로 출토되었기 때문.

가만 보니 꽤 정갈하게 제작되었으며, 당시 청동 그릇이 가지고 있는 높은 위상을 볼 때 고구려의 청동기 제작 능력이 상당했음을 보여주는 중요한 증거라 하겠다. 수준 높은 청동 그릇이었던 만큼 신라에서도 당연히 귀하게 여기며 소장되다 부장품으로 사용했던 것. 흥미로운 것은 이렇듯 신라에서 발견되는 고구려 물건은 이뿐만이 아니라는 점이다.

고구려 전시실 중앙에는 '네 귀 달린 항아리'가 전시되어 있는데, 이 역시 5세기에 만들어진 고구려의 청동 항아리다. 전체적으로 절제된 균형미가 훌륭하군. 그런데 이 항아리 역시 경주 금관총에서 출토되었다는 사실. 그렇다. 일제 강점기인 1921년, 최초로 신라 금관이 발견되었다 하여 붙여진 이름인 금관총에서 고구려 청동기가 함께 발견된 것이다.

또한 네 귀 달린 항아리 옆에는 '못 신'이 있는데, 금동으로 만든 장식 신발이다. 못이 40여 개 촘촘히 박혀 있는 디자인이 남다른 포스를 내뿜고 있네. 이 금동신발은 중국 지안(集安)에서 출토된 것

못 신. ⓒPark Jongmoo

이라 알려져 있다. 다만 고구려 고분 벽화에서 못 신을 신은 고구려 무사가 등장한 경우를 참조할 때, 실전에서는 금동보다 철로 된 못 신을 사용한 모양이다. 날카로운 디자인만큼 말을 탄 채 위에서 발로 짓밟거나 또는 쓰러진 적을 짓밟을 때 남다른 살상력을 보였고, 경사가 급한 언덕이나 산성에서는 아이젠처럼 미끄럼을 방지하는 효과가 있었다. 그런데 이와 거의 동일한 금동 못 신이 다름 아닌 5세기 중반 만들어진 신라 황남 대총에서도 출토되었다는 사실. 해당 금동 못 신은 국립경주박물관이 소장하고 있다.

이처럼 5세기에 제작된 청동기, 금동 못 신 등 다양한 고구려 물건이 신라 고분에서 발견되는 이유는 무엇일까?

신라 왕의 도움 요청에 답하여 광개토대왕이 5만 대군을 파병하여 신라를 공격하던 왜와 가야군을 크게 깨트린 일이 있었다. 이때가 400년으로 이 뒤로 신라의 고구려에 대한 예속 상황은 매우 강해졌다. 오죽하면 신라는 한동안 고구려에게 꼼짝 못했으니, 신라 왕이 고구려의 의도에 의해 교체되거나 왕실 주요 인물이 고구려에 인질로 있다가 신라 왕이 죽을 때가 되면 비로소 경주로 가서 새로운 신라 왕이 되는 상황마저 만들어졌을 정도. 마치 조선 중기 병자호란 이후 청나라에 조선 왕자들이 인질로 있던 상황과 유사했던 것이다.

이것이 5세기 시점 신라 고분에서 유독 고구려 물건이 많이 등장하는 이유다. 또한 당시 고구려는 중국과 경쟁할 정도로 최전성기를 막 열기 시작한 시점이라 한반도 내 어떤 종족과 국가도 감히 홀로 고구려와 맞서지 못했다. 반대로 생각하면, 그만큼 고구려가 강대국이자 선진국이었기에 신라는 고구려 문화를 적극적으로 받아들였다.

이 중 황금 부분을 특별히 부각해서 보자면, 고구려의 경우 다음과 같은 기록이 있어 무척 오래 전부터 금을 사용했음을 알 수 있으니.

> 그들의 공공 모임에는 모두 비단에 수놓은 의복을 입고 금과 은으로 장식한다.
>
> 《후한서》 동이 열전 고구려

후한이 25~220년에 존재했기에 꽤 오래 전부터 고구려가 금과 은을 생산하여 장식했음을 알 수 있다. 실제로도 부여 중심지에서 출토된 기원전 1세기 금 귀걸이와 거의 동일한 디자인의 금 귀걸이가 고구려 영역의 기원전 1세기 무덤에서 발견되는 등 부여의 영향으로 고구려는 꽤 오래 전부터 금을 사용하는 문화가 있었다. 아, 다만 해당 장소는 압록강 바깥으로 고구려 시대에는 졸본이라는 첫 수도가 위치했던 곳이나, 지금은 중국 땅으로서 환인 만족 자치현(桓仁滿族自治縣)의 고분인지라…. 한반도 영역 내 황금 유물로는 여전히 '평양 석암리 금제 띠고리'의 낙랑 유물이 가장 빠르다.

그리고 이러한 금 문화는 고구려 영향 아래 신라

역시 적극 도입하기에 이른다. 5세기 신라 경주의 거대 고분과 함께 등장한 황금 문화가 다름 아닌 그것. 그럼 다음으로 신라의 황금 문화를 확인하기 전에 고구려 전시실에서 두 장의 사진만 찍고 이동하기로 할까?

우선 고구려 두 번째 수도인 국내성, 현재의 중국 지안에서 출토된 것으로 알려진 '5~6세기 깃털 모양 관 꾸미개'를 사진으로 찍고, 다음으로 바로 옆에 전시 중인 서울 능동에서 출토된 '5~6세기 금 귀걸이'를 사진으로 찍자. 이렇게 고구려 유물 두 개를 찍은 이유는 해당 유물을 신라 전시실에서 비교하며 볼 예정이기 때문이다. 눈으로 익혀서 가는 것보다 이렇게 사진으로 찍은 뒤 비교하듯 보는 것이 더 효율적이니까. 그렇다. 다음 코스는 신라 전시실이다.

5

신라와 고구려

신라 전시실

　국립중앙박물관 전시실 구성에 따르면 고구려 다음은 백제, 가야 순이며 마지막으로 신라를 만나게 된다. 그러나 황금 유물을 살펴보는 과정에서 고구려의 신라에 대한 영향을 이해하기 위해 중간 단계를 건너뛰어 신라를 먼저 살펴보고 이어서 백제, 가야를 볼까 한다.

　계획에 따라 고구려 전시실 바깥으로 나와 경천사 터 십층석탑 방향으로 천천히 걸어간다. 저 높은 탑은 고려 시대에 만든 것인데, 국립중앙박물관을 용산에 건립하기로 한 뒤 건축 설계 때부터 딱 저 장소에 탑을 세우기로 계획을 짰던 모양이다. 덕분에 박물관 가장 안쪽에 마치 이정표같이 서 있게 되면서 많은 사람들이 사진을 찍는 장소로 자리 잡는다. 나 역시 스마트폰을 꺼내 오랜만에 경천사 터 십층 석탑 사진을 찍은 뒤 오른편에 있는 전시실 문으로 들어갔다. 이곳으로 들어가면 바로 신라 전시실이 니까.

신라 전시실은 지금까지 본 고조선, 부여, 고구려 전시실에 비해 월등하게 넓은 공간과 월등하게 많은 유물로 우리를 반기고 있다. 이유는? 신라 영역, 특히 수도였던 경주가 현재 대한민국의 완벽한 영향력 안에 있기 때문. 덕분에 일제 강점기에 근대적 고고학이 시작된 시점부터 21세기인 현재까지 꾸준한 조사와 발굴이 이어졌고, 그 결과 한반도 고대 국가 중 가장 많은 이야기를 우리에게 전해주고 있는 것이다.

특히 이 장소는 국립경주박물관보다 전시된 유물 숫자는 훨씬 적지만 전시된 유물의 질은 더 높은 듯한데, 아무래도 대한민국의 특징인 서울 중심 문화로 인해 주요 유물 중 상당수를 이곳으로 옮겨와서 그런 듯하다. 이에 동일한 물건일지라도 오랜 세월 동안 모양이 더 잘 남아 있는 것일수록 서울에 전시되어 있다. 국립중앙박물관 상설전시실 1층 신라 전시실이 아닌 3층 금속 공예실에 위치하지만 누가 보아도 쉽게 이러한 분위기를 이해하기에 좋은 예시가 있으니, 잠깐 이야기를 더 해볼까?

'감은사지 삼층석탑 사리장엄구'라는 유물이 있다. 삼한 일통의 대업을 만든 문무왕을 위해 통일신라 시기 경주에 감은사라는 사찰이 건립되었고, 이곳에는 삼층석탑이 두 개 만들어졌다. 한편 각각의 탑 안에는 사리를 보관하는 금동사리함이 있었는데, 이것이 바로 '감은사지 삼층석탑 사리장엄구'다. 그런데 1959년 발견된 부식이 심한 유물은 경주에 두고, 1996년 발견된 금빛이 여전히 잘 남아 있는 유물은 서울로 옮겼다. 덕분에 서울에서는 통일신라 시기에 제작된 황금빛이 영롱한 사리장엄구를 만날 수 있는 반면, 경주에서는 부식이 되어 청동빛이 강한 사리장엄구를 볼 수 있는 것이다.

이는 동일한 유물 중에서도 더 뛰어난 것을 서울로 옮긴 예 중 하나이며, 실제로 국립중앙박물관의 신라 유물을 경주와 비교해보아도 불상, 토기, 황금 유물 중 교과서에 나올 만한 유명한 것은 경주보다 오히려 서울에 더 많은 것 같다. 정부나 박물관 측에서는 나름 균형을 맞춘다고 이야기하겠지만, 글쎄.

그나마 다행인 점은 과거와 달리 근래 발굴, 조사되어 나온 유물의 경우 가능한 한 해당 지역의 박물관에 우선권을 두어 배치하고 있다는 점이다. 요즘은 좋은 유물이 출토되었다고 예전처럼 당연히 서

국립중앙박물관에 전시 중인 감은사지 삼층석탑 사리장엄구. 반면 경주
에는 황금빛이 바랜 사리장엄구를 볼 수 있을 뿐이다. 더 좋은 것을 서울
로 옮기는 문화를 잘 보여준다. ©Park Jongmoo

울로 옮겼다가는 해당 지역 여론부터 가만있지 않으니까. 아, 아니. 여기서 더 나아가 여러 지방 자치 단체에서는 오래전 서울로 옮겨져 전시 중인 유물마저 돌려달라고 하는 중이다. 본래 있던 장소에서 제대로 박물관을 건립하여 전시하겠다는 의도로 말이지.

즉, 제국주의 시절 영국, 프랑스, 독일 등의 이름난 박물관에 옮겨져 전시 중인 여러 국가의 A급 유물을 본래 국가에서 적극적으로 돌려달라고 하는 것처럼 국내에서는 과거 서울에 집중시킨 A급 유물을 지방에 돌려달라는 일이 벌어지고 있는 것이다. 이는 비단 한국만의 일은 아니어서, 실제로 유럽에서는 중앙에 모아둔 자국 문화재 중 일부를 지방의 여러 박물관으로 되돌려주는 일이 종종 일어나고 있다. 이처럼 '집중이냐, 분배냐' 라는 정의는 박물관 전시에서도 매우 중요한 이슈다.

이런 이야기를 갑자기 하는 이유는? 나도 모르겠다. 여기 올 때마다 매번 생각나는 문제라 언젠가 이야기하고 싶었음. 이 외에도 방금 고구려 전시실에서도 보았듯 경주에서 출토된 고구려 유물을 서울로 옮겨 전시하는 대신, 경주에서는 해당 유물을 접하지 못하거나 또는 복제품을 전시하는 상황이거든. 이와 같은 서울 집중 문화가 경제, 문화, 교육 등은 그렇다 치더라도 최소한 박물관에서는 적당히 조절되면 좋겠다는 생각이다. 즉, 가능한 한 A급은 본래 지역에 두고, 그 아래 급을 서울로 가져오자는 이야기. 딴 이야기로 너무 들어온 것 같으니, 이제 다시 정신을 차리고 황금 유물에 집중해볼까?

신라의 금 귀걸이

신라 전시실에 들어서면 황금이 가득하여 눈이 호강하는 느낌. 한반도에서 황금 문화가 제대로 꽃 피운 곳은 역시 신라였나, 하는 생각이 들 정도다. 그만큼 국립중앙박물관 전체를 보아도 유독 황금 문화가 가득한 공간이다. 덕분에 선사 · 고대관에서 가장 인기 있는 장소이기도 하지. 오늘도 이곳은 금 세공품을 구경하며 틈틈이 사진으로 담는 사람들로 가득하니까.

나 역시 방문한 김에 전시실을 슬쩍 한 바퀴 돌면서 황금 유물을 전체적으로 살펴본다. 이러니 마치 금은방 사장 느낌이 드는데! 다른 한편으로는 신라 시대 금 세공품을 제작하는 장인의 공방에 온 느낌도 든다. 이처럼 금이 지닌 매력은 참으로 대단한 것 같다. 공간과 시간을 넘어 신라인처럼 대한민국 사람도 동일한 금 세공품을 보며 감탄하고 있으니.

시간이 흐르는 것도 잊은 채 황남 대총에서 출토된 금관, 금관총에서 출토된 관모와 관 꾸미개 이외에도 여러 금장식을 한참 보다보니, 이제 슬슬 감탄은 끝내고 해야 할 일을 할 때가 온 것 같군. 스마트폰을 꺼내 방금 고구려 전시실에서 찍은 사진을 펼쳐본다. 아까 '금 귀걸이' 그리고 '깃털 모양 관 꾸미개'를 찍었었지.

마침 경주 보문동 부부총(慶州 普門洞 夫婦塚)에서 출토된 국보 지정 금 귀걸이가 보이는군. 사진을 꺼내 비교해보자. 두꺼운 중심 고리 아래로 세밀하게 가공되어 장식된 금이 늘어져 있는데, 대단히 화려하다. 이렇게 두꺼운 중심 고리를 지닌 귀걸이를 소위 '굵은 고리 금 귀걸이'라 부른다. 특히 누금(鏤金) 기법이라 하여 둥글둥글한 금 알갱이로 문양을 만든 모습이 세밀한 가공의 미감을 그대로 보여주고 있네. 그런데 이 기법 어디서 본 것 같은데?

맞다. 낙랑의 '평양 석암리 금제 띠고리'에서 용을 장식할 때 사용한 기법이다. 둥근 금 알맹이를 잘 배치하여 자연스러운 용무늬를 만들 때 사용한 기법이 다름 아닌 누금 기법이었던 것. 이는 곧 경주

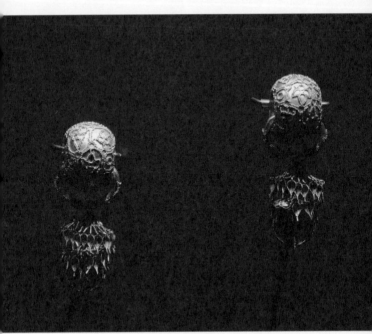

경주 보문동 부부총에서 출토된 국보 지정 금 귀걸이. ©Park Jongmoo

보문동 부부총이 만들어진 6세기 중반 시점에는 신라에서도 무척 익숙한 기법이 되었음을 보여준다.

그런데 두꺼운 중심 고리 아래로 장식이 달려 있는 모습은? 맞다. 고구려 전시실에서 찍은 5~6세기 금 귀걸이 사진과 비교해보면 그 디자인이 유사함을 알 수 있다. 고구려 것 역시 두꺼운 중심 고리 아래로 장식을 매달고 있기 때문. 즉, '굵은 고리 금 귀

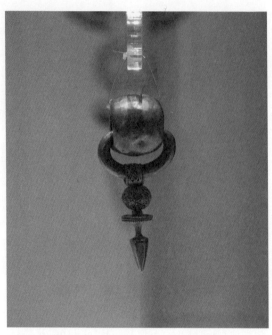

고구려 전시실에서 찍은 고구려 금 귀걸이. 두터운 중심 고리와 그 아랫부분에 길게 장식을 이어준 형태가 경주 부부총 금 귀걸이와 닮았다.
ⓒPark Jongmoo

걸이'다. 그뿐 아니라 방금 전에 찍은 고구려 금 귀걸이 역시 누금 기법이 일부 동원되어 둥근 금 알맹이로 세밀한 미감을 선보이고 있네. 당연히 신라와 고구려 금 귀걸이 간에 유사한 연결점이 있다는 의미.

마침 이곳에는 신라 금 귀걸이를 여러 개 더 전시하고 있으니, 더 비교해볼까? 전시된 여러 금 귀걸이 중 5~6세기에 걸쳐 경주 서봉총 금 귀걸이, 황남 대총 금 귀걸이, 경주 황오동 금 귀걸이, 경주 보문동 금 귀걸이 등에서 두꺼운 중심 고리와 아래로 길게 장식이 된 디자인이 보이는군. 이로써 굵은 고리 금 귀걸이가 단순한 일회성이 아닌 오랜 기간 유행하던 신라 금 귀걸이 디자인 중 하나임은 분명하다.

한편 국립경주박물관은 황남 대총에서 출토된 두꺼운 중심 고리 아래로 장식 고리가 담백하게 하나만 있는 금 귀걸이를 전시하고 있는데, 이 역시 고구려의 것으로 추정한다. 특히 황남 대총에서는 고구려에서 유행하던 물건, 예를 들어 은합, 굵은 고리 금 귀걸이, 금동 못 신, 청동 그릇 등이 다양하게 출토되었기에 고구려 영향이 무척 강할 때 만들어졌음을 알 수 있다. 이에 학계에서는 황남 대총의 주인을 내물왕(재위 356~402년), 실성왕(재위 402~417년), 눌지왕(재위 417~458년) 중 한 명으로 보는 중. 즉, 아무리 늦어도 황남 대총이 만들어진 시기를 5세기 중반으로 파악하고 있는 것이다.

광개토대왕릉비, 《삼국사기》와 《삼국유사》 등의 기록에 따르면 내물왕, 실성왕, 눌지왕 모두 신라에 고구려 영향이 무척 강할 시기의 왕이었는데, 이 중 내물왕은 광개토대왕에게 사신을 보내 병력 지원을 요청한 인물이며, 실성왕은 고구려에 인질로 있다가 왕이 된 후 고구려의 비협조로 숙청된 인물이다. 마지막으로 눌지왕은 고구려의 지원으로 왕이 된 후 오히려 점차 고구려와 대립하다 백제와 손을 잡은 인물이다. 그럼 이 중 황남 대총 주인은 누구일까? 이에 대한 자세한 이야기는 조금 있다 이어가기로.

어쨌든 황남 대총의 출토 유물을 볼 때 5세기 들어 고구려 금 귀걸이 디자인이 신라에 적극 유입되었고, 이를 바탕으로 꾸준히 디자인을 확대 재생산한 결과 다양한 형태의 '굵은 고리 금 귀걸이'가 신라에 이어졌음을 알 수 있다. 이는 곧 신라의 금 세공품 제작에 고구려의 영향이 상당했다는 의미.

그렇다면 신라는 언제부터 금을 생산하여 여러 물건을 제작했을까?

구슬을 귀하게 여겨 옷에 꿰매어 장식하기도 하고, 목이나 귀에 달기도 하지만, 금·은과 비단을 보배로 여기지 않는다.

《삼국지》 위서 동이전 한(韓)

중국 기록에 따르면 고구려가 금, 은으로 장식할 때도, 동시대 한반도 남부에 위치한 삼한은 금, 은을 보배로 여기지 않았다고 기록하고 있다. 해당 기록이 3세기 말 시점 정리된 것이니, 3세기 후반에 삼한 중 하나인 진한, 즉 옛 신라 지역 역시 금, 은에 큰 관심을 보이지 않았음을 뜻한다. 당연히 문화적으로 북방에 비해 훨씬 뒤처진 모습이라 하겠다.

문서 기록처럼 실제로도 고고학 조사를 수없이 했지만 신라 지역에서 3세기에 금을 사용한 흔적은 아직 발견하지 못했다. 그러다 4세기 후반의 고분에 이르러서야 가장 이른 시점의 황금 제품이 나오니, '경주 월성로 가-13' 무덤이 바로 그 주인공. 출토 유물들을 살펴보면 간접적으로 고구려의 영향이 보이는데, 고구려로부터 전달받은 서역의 유리 제품 등이 존재하기 때문. 해당 유물들은 국립경주박물관에 전시 중이니 기회가 되면 꼭 확인해보자.

이러던 신라가 고구려의 영향이 더욱 강해지는 5세기부터는 금을 포함한 어마어마한 양의 물건을 부장하는 문화로 변모한다. 국립중앙박물관에 전시 중인 신라의 금 세공품들이 다름 아닌 5~6세기에 제작된 것으로, 당시 금 문화가 폭발했음을 제대로 증명하고 있다.

이처럼 경주의 황금 문화에는 금 귀걸이로 대표되는 디자인뿐만 아니라 문화적으로도 고구려 영향이 무척 컸음을 알 수 있다. 다음으로 금 귀걸이 외에 고구려로부터 영향을 받은 유물을 하나 더 확인해볼까?

황남 대총 은관의 비밀

　국립중앙박물관의 신라 전시실을 구경하다보면 익숙하지 않은 형태의 은관이 하나 보인다. 신라 금관은 한국인이면 누구나 그 이미지를 금세 떠올릴 정도로 유명해도, 은관은 그다지 알려지지 않았기에 그 형태 역시 사람들 눈에 익숙하지 않다. 하지만 막상 은관을 보면 그 모양이 꽤 인상적이다.

　우선 머리에 두르는 은테두리 위에 달린 한 쌍의 날개 모양의 장식이 매력적이다. 가만 보니, 날개 끝부분의 은판을 가위로 오려서 엿가락 꼬듯 하나하나 꼬았네. 마치 깃털이 달린 것처럼 표현한 것이다. 중앙에는 사다리꼴 장식이 올라와 있고 금으로 장식된 돌기가 여럿 달려 있다. 무엇보다 재료가 은(銀)인

황남 대총 남분에서 출토된 은관. ⓒPark Jongmoo

데다 모자로 쓰기에는 낮고 안정적인 디자인인지라
오히려 금관보다 사용하기에는 편해 보인다.

　이와 같은 디자인의 은관은 지금까지 경주 고분
을 여러 개 발굴, 조사했음에도 오직 이것 하나만 출
토되었으며, 그 위치는 다름 아닌 황남 대총 남분이
다. 당연히 희귀성이 남다르다 하겠다. 그렇기 때문
에 개인적으로 금관만큼이나 은관에 대한 궁금증이
무척 오래 전부터 있었다.

　아, 참. 황남 대총은 쌍분, 즉 두 개의 봉분이 서로
이어 붙어 있는 형식으로 소위 부부 묘로 잘 알려져

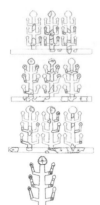

황남 대총 남분의 금동관 4점 단면도.

있지. 황남 대총 각각의 단일 고분 크기가 경주 봉황
대 다음가는 만큼 당시 신라 왕의 묘임은 분명해 보
인다. 출토 유물을 바탕으로 볼 때 북쪽 무덤은 여성
것으로, 남쪽 무덤은 남성 것으로 파악하는 중. 그렇
다면 은관이 출토된 곳은 남쪽 무덤이라 남분이라
부르는 것이며, 이는 곧 남성 묘에서 출토되었음을
의미한다.

그런데 황남 대총 출토 유물에 대한 두 가지 흥미
로운 점이 있다.

1. 북분 즉 여성의 무덤에는 금관이 있었지만, 남
분 즉 남성의 무덤에는 금관은 없고 그 대신 금동관
이 4점 있었으며, 더불어 은관은 관 밖에 부장품을
모아두는 곳에서 발견되었다는 점이다. 그뿐만 아

니라 남분의 금동관은 4점 모두 형식의 변화를 보이듯 디자인이 조금씩 다르며, 녹각(鹿角)이라 하여 사슴뿔을 닮은 형태의 장식은 아예 존재하지 않는다. 반면 북분의 금관은 우리가 일반적으로 인식하는 신라 금관 형태이며 뒷부분에는 사슴뿔 형태, 즉 녹각 장식까지 달려 있다.

2. 조사 결과 남분부터 만들어지고 이후에 북분이 만들어졌음이 밝혀졌다. 남성이 죽고 무덤을 만든 뒤 시간이 더 흘러 여성이 죽자 그 옆에 함께 무덤을 조성했음을 의미한다. 즉, 신라 왕 무덤을 먼저 만든 뒤 왕비 무덤이 만들어진 것이다.

그렇다면 신라 왕은 격이 떨어지는 금동관과 은관을 쓰고 신라 왕비는 그보다 격이 높은 금관을 썼다는 것인데, 그 이유는 무엇이었을까?

한편 황남 대총 발굴 조사는 1970년대 한국 고고학계의 엄청난 사건이었던 만큼 국립중앙박물관에는 황남 대총 북분, 즉 여성 묘에서 출토된 금관이 전시 중이며, 국립경주박물관에는 황남 대총 남분, 즉 남성 묘에서 출토된 금동관을 전시하고 있다. 결국 두 군데를 모두 다녀야 전체적인 퍼즐이 어느 정도 맞추어진다는 의미. 이것 때문에 개인적으로 엄청나게 두 장소를 자주 방문하긴 했지. 물론 퍼즐을 다 풀지는 못했다. 그 대신 대충 큰 그림은 그려보았기에 이번 기회에 이를 이야기해볼까 한다.

자, 그러면 다시 돌아와서 신라 왕은 금동관과 은관을 쓰고 신라 왕비는 그보다 격이 높은 금관을 쓴 이유를 알아보자.

1. 우선 은관부터 이야기해볼까.

신라 왕이 사용했던 은관은 날개에 깃털을 단 디자인 덕분에 고구려와 연관성을 이어볼 수 있다. 자, 아까 고구려 전시실에서 찍은 사진을 스마트폰에서 꺼내보자. 중국 지안에서 출토된 것으로 알려진 고구려 유물 '5~6세기 깃털 모양 관 꾸미개'를 바로 비교해보니, 맞다. 사진에서 깃털 모양의 디자인이 보이지? 역시나 금동판 끝부분을 가위로 오려서 엿가락 꼬듯 표현해 깃털처럼 꾸몄던 것이다. 이 외에도 중국 지안에서 출토된 또 다른 고구려 금동제 관 꾸미개를 중국 요녕성 박물관이 소장 중인데, 여기서도 새 날개 디자인으로 끝부분을 오려 마치 깃털처럼 표현하고 있다.

이로 미루어 볼 때 황남 대총 은관은 최소한 고구려의 영향을 받아 신라가 제작한 것이거나 또는 고구려로부터 받은 물건일 가능성이 높다는 의미. 개인적으로는 이런 디자인이 경주에서 더 발견되지 않는 관계로 고구려로부터 받은 것으로 보고 있다.

2. 여성의 무덤에서는 금관이, 남성의 무덤에서

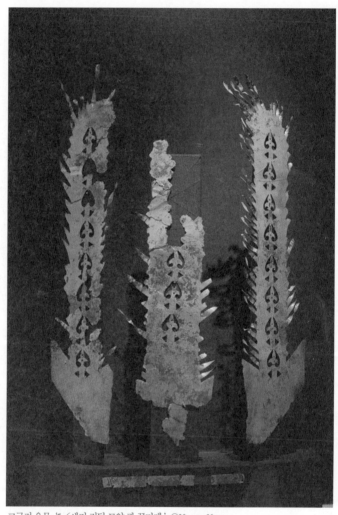

고구려 유물 '5~6세기 깃털 모양 관 꾸미개.' ©Hwang Yoon

는 금동관이 나온 이유를 살펴보자.

일반적으로 신라의 경우 '금관 > 금동관' 으로 그 격이 나뉘는 것으로 알려져 있다. 즉, 금관은 왕 또는 직계 가족의 왕족들이 사용하는 것이고, 금동관은 그보다 아래인 방계 왕족 또는 지방 세력가에게 준 것이다. 실제로 경주 대릉원 등 중심 고분에서는 금관이 주로 발견되는 반면 경주 외곽과 더 나아가 지방에서는 금동관이 발견되고 있기에, 신분의 높고 낮음에 따라 금관과 금동관으로 나누어 제공했던 것은 분명하다. 다만 금관이 발견되는 고분에서는 금동관도 함께 발견되는 경우가 많으니, 예를 들면 경주의 금관총, 천마총 등에서는 금관과 함께 금동관이 출토되었거든. 즉, 이 당시 최고 신분은 '금관 + 금동관' 모두를 소장했고 그보다 아래 신분은 '금동관' 만을 소장했다는 의미. 이를 통해 신라 왕을 중심으로 한 중앙 집권적 힘을 선보인 것이며, 당연히 정치적인 금속으로서 금이 사용되었음을 의미한다.

이런 내용을 이해하고나서 황남 대총 남분과 북분을 비교해보면, 금동관이 출토된 신라 왕은 신분의 격이 떨어지고 금관이 출토된 신라 왕비는 신분의 격이 높다는 의미로 이해되기도 한다. 이는 다른 말로 살아생전 신라 왕에게 무언가 신분적 하자가 존재했다는 의미일까? 실제로도 이 때문에 생전 왕비의 신분이 왕보다 더 높았다는 해석으로 많은 연구 및 토의가 있었던 것도 사실이다.

하지만 신라 왕과 신라 왕비가 각기 죽은 시기가 달랐던 만큼 그 사이에 신라에 새로운 제도가 정립되었을 가능성도 살펴볼 수 있다. 즉, 금동관만으로도 충분히 최고 신분을 상징하던 때 신라 왕이 죽었기에 금동관만 넣었지만, 이후 금관이 최고 신분을 상징하는 때가 열리자 왕비의 무덤에는 금관을 넣었던 것이다.

실제 남분에서 출토된 신라 왕의 금동관 4점의 경우 시간차를 두고 조금씩 디자인 변경이 있었고, 사슴뿔을 닮은 녹각 디자인마저 없는 것으로 보아 신라 최고 신분이 사용할 모자, 즉 관(冠)이 디자인적으로 완성 단계가 아직 아니었다. 그러더니 시일이 더 지나 왕비의 무덤에 묻힌 금관은 신라 금관의 전형적인 형태를 선보이게 된다. 즉, 남분과 북분 조성 중간 시점에 새로운 제도가 정립되었을 가능성이 있다. 덕분에 황남 대총이 부부의 무덤으로 완전히 조성된 이후에는 금관이 가장 위의 계급을 상징하는 것에 맞추어 금동관은 그 아래 신분에게 부여되면서 신라의 중앙 집권적 성향이 더욱 강해진 것이다.

이 해석에 따르면 황남 대총 남분과 북분 조성 사이에 신라에 대단한 정치적인 변화가 존재했음을 알 수 있다. 기존의 금동관 위에 금관이라는 계급을 하나 더 설정할 정도의 변화였으니까. 그리고 이처럼 금관과 금동관의 구별이 신라에 등장했다는 것은 고구려에 귀속된 정치적 형태에서 벗어나 신라 주도로 정치적 재편이 일어났다는 뜻이기도 했다. 무엇보다 금동관을 이용해 지방 세력을 관리하겠다는 신라의 적극적 태도를 엿볼 수 있기 때문.

자. 이렇듯 유물 해석에 대한 1~2를 함께 종합적으로 이해해보면, 은관은 고구려의 영향이 강한 디자인이자 한때 신라 왕이 사용했었고, 이는 곧 고구려의 입장과 기준에서 부여된 물건일 가능성이 높다. 중심국인 고구려를 기준으로 고구려 수도에서는 고구려 왕과 귀족들이 금 또는 금동으로 장식된 관을 사용한 반면, 고구려에 막 귀부한 신라 왕에게는 그보다 격이 떨어지는 은관을 부여함으로써 신라가 고구려의 속국임을 여실히 보여준 것이다. 또한 무덤까지 은관을 함께 넣을 정도였으면 고구려와의 연결점이 신라 왕의 신분 유지에 큰 힘을 부여했음을 알 수 있다.

반면 국제적 기준에서 나라의 격이 떨어지더라도 어쨌든 신라 내에서는 왕으로서 가장 높은 대접을 받았기에, 고구려가 준 은관과 함께 신라에서는 당시 신라 최고 신분을 상징하는 금동관을 제작하여 왕의 부장품으로 넣게 된다. 이처럼 당시 신라 왕은 고구려의 신하이자 신라 왕이라는 이중적 지위에 있었다.

그러나 황남 대총에 묻힌 신라 왕이 죽은 후 고구려와 점차 대립하면서 신라는 자신만의 독자적 힘을 갖추고자 했고, 그 과정에서 금관을 사용하는 더 높은 계급을 하나 더 설정하여 최고 신분에게 부여한다. 이에 본격적으로 황남 대총에 묻힌 왕비부터 금관이 부여되었으니, 그것이 바로 황남 대총 북분에서 출토된 금관이다. 이 기준을 바탕으로 이후 신라는 왕과 직계 왕족에게는 '금관 + 금동관', 방계 왕족과 자신들에게 복속한 주변 세력에게는 오직 금동관을 부여하면서 마치 고구려처럼 중앙과 지방을 나누고 금을 통해 신분을 정하는 시스템을 구축하기 시작한다.

여기까지 그려볼 수 있겠다. 물론 황남 대총 출토 유물에 대한 해석으로 정말 다양한 의견이 논문 및 박물관 자료집 등으로 존재하나, 내 나름대로 연구해본 결과는 이러하다는 의미다. 혹시 이러한 고고학적 해석을 바탕으로 당시 신라 역사에 대입해보면 황남 대총 주인공이 어느 정도 구체화되지 않을까? 좋다. 이 김에 당시의 역사 흐름을 자세히 한번 살펴보자.

(왼쪽) 황남 대총 북분, 즉
여성묘에서 출토된 금관
정면. (오른쪽) 금관 뒤쪽
에 사슴뿔을 닮은 녹각 디
자인이 등장했다.
©Park Jongmoo

내물왕과 실성왕

신라에서 김씨 성을 지닌 최초의 왕은 미추왕이고, 김씨 성이 세습으로 이어져 후대에 왕족인 진골이 자신들의 부계 선조로서 인식한 왕은 내물왕(재위 356~402년)이다. 오죽하면 785년에 신라 왕이 된 원성왕마저 '내물왕 12세손'임을 자신의 가계로서 당당히 표현할 정도였으니까. 그만큼 내물왕은 신라 김씨 왕계에서 무척 중요한 인물이었던 것. 조선 시대로 보면 태조 이성계와 비슷하게 556년간 이어지는 신라 김씨 왕실을 개창한 시조였다.

흥미로운 점은 이들 가계를 살펴보면 미추왕의 딸이 내물왕의 왕비였다. 그리고 미추왕은 내물왕의 큰아버지이기도 했다. 이는 곧 내물왕과 그의 왕

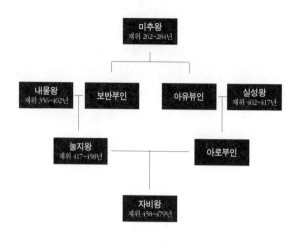

비는 근친결혼으로서 서로 사촌 간이었다는 의미. 그런데 내물왕에 이어 신라 왕이 된 실성왕(재위 402~417년) 역시 미추왕이 큰아버지였으며 왕비 역시 미추왕의 딸이었다. 이 역시 근친결혼으로서 서로 사촌 간이었다. 결국 내물왕과 실성왕은 미추왕의 사위라는 신분으로 왕위에 오른 것이다. 또한 내물왕과 실성왕의 아버지들 역시 형제였기에 내물왕과 실성왕은 서로 사촌 간이기도 했다.

문제는 이렇게 두 명의 딸을 각각 자신의 동생 아들, 즉 조카들과 결혼시킨 미추왕이 《삼국사기》 기록에 따르면 262년 즉위하여 284년 세상을 뜬 3세기 인물이라는 점. 덕분에 그의 딸들은 거북이를 능가하는 엄청난 수명을 자랑하는 것이 아니라면 4~5세기에 활동한 각자의 남편과의 약 100년에 이르는 갭을 설명할 방법이 없게 된다.

　내 개인적으로는 미추왕이 내물왕과 실성왕 모두의 장인이자 큰아버지였던 만큼 실제로는 경주 6부(部) 중 하나를 장악한 수장에 불과했으나 이후 추존하여 신라 왕으로 승격시킨 것이 아닐까싶다. 그뿐 아니라 더 시일이 지나자 가문의 역사적 권위를 높이기 위해 아예 미추왕을 본래 생존 시기인 4세기보다 훨씬 과거인 3세기 인물로 재설정한 것이다. 덕분에 미추왕의 딸들은 거북이급 생명을 지닌 존재로서 기록에 남아버렸다. 이와 관련한 더 자세한 이야기는 《일상이 고고학 나 혼자 가야 여행》 199페이지에서 언급되니, 더 관심 있는 분은 해당 책을 보는 것이 좋을 것 같군.

　한편 내물왕이 왕위에 오른 시점 신라에게 닥친 가장 큰 문제는 왜의 침략이었다. 이미 내물왕 이전부터 왜의 신라 침략은 남달랐는데, 이들은 시시때때로 해적처럼 신라로 쳐들어와 약탈에 힘썼다. 또한 이러한 왜의 침략을 뒤에서 가야가 지원하고 있었다. 결국 석탈해(탈해왕, 재위 57~80년)의 후손인 석씨 왕들이 이를 효율적으로 대처하지 못하면서 권력을 잃고 대신 김씨인 내물왕이 권력을 장악했으니, 그런 만큼 새로운 신라 왕에게는 무엇보다 왜에 대한 적극적 대처가 요구되고 있었다.

이에 내물왕은 고민 끝에 북방의 강대국인 고구려와의 관계 개선을 통해 문제를 해결하는 방안을 선택한다. 당시 고구려 역시 한반도 남부에 대한 장악력을 키우고자 했던 만큼 이런 신라의 모습에 크게 만족했으니, 마침 381년 중국으로 사신을 보낼 때가 되자 신라 사신을 함께 데려가기도 했다. 그리고 이런 일련의 과정은 앞서 언급한 4세기 후반의 '경주 월성로 가-13 고분'에서 서역의 유리 제품 등이 금제품과 함께 등장하는 것으로 읽어볼 수 있다. 즉, 고구려를 통해 북방 유물을 지원받은 신라의 모습이라 하겠다. 여기서 한 걸음 더 나아가 내물왕은 고구려에 인질까지 보내 더 확실한 관계를 만들고자 했다. 그래서 392년, 내물왕은 왕실의 중요 핏줄이자 자신의 사촌동생인 실성을 볼모로 삼아 고구려로 보냈다.

이렇듯 신라와 고구려 간 남다른 외교 관계가 만들어지자 399년, 내물왕은 광개토대왕에게 사신을 보내어 또다시 왜적 침입이 있음을 언급하면서 적극적인 군사 지원을 요청했다. 이렇듯 신라의 장장 20년에 걸친 외교 노력의 결과 400년, 드디어 고구려의 5만 대군이 남방으로 출진, 그동안 신라를 괴

롭히던 왜와 이들을 지원하던 가야까지 단숨에 박살 내버렸다. 그리고 일부 고구려군은 원정이 끝난 뒤에도 신라 영토 및 한반도 남부에 일부 남아 신라를 군사적으로 지원한다. 사실상 현재 대한민국에 미군이 주둔하고 있는 모습과 유사했던 것.

옛적에는 신라 매금(寐錦)이 몸소 고구려에 와서 일을 상의한 적이 없었는데, 국강상광개토경호태왕대(國岡上廣開土境好太王代, 광개토대왕 시대)에 이르러 … 신라 매금이 … 하여 스스로 와서 조공하였다.

광개토대왕릉비

한편 광개토대왕릉비에 따르면, 400년 고구려의 남방 원정이 마무리된 후 신라 매금, 즉 신라 왕이 직접 고구려로 와서 조공을 하고 일을 상의드렸다는 표현이 나온다. 이는 고구려 입장에서 볼 때 신라 왕이 고구려에 완벽히 복속한 것으로 인식할 만한 대사건이었다. 실제 한반도 어느 시기를 보아도 왕이 직접 상대국을 방문하여 조공하는 경우는 거의 찾아보기 힘들다. 신라와 당나라가 남다른 동맹 관계를 맺었음에도 사신이 아닌 신라 왕이 직접 당나라에 갔던 일은 없었으며, 조선 시대에도 조선 왕이 명나라에 직접 간 적은 없었다. 이는 곧 당시 신라가 고구려에게 철저하게 복속했음을 의미한다.

이때 광개토대왕을 찾아와 직접 인사를 한 신라 왕이 누구인지에 대해 학계에서는 두 가지 의견이 존재한다. 내물왕이냐 아님 실성왕이냐 의문이니까. 개인적으로는 해당 사건의 시기가 광개토대왕릉비에 따르면 401~404년으로 파악되는 만큼, 402년 2월에 죽음을 맞이한 내물왕보다는 401년 7월 볼모 생활을 끝내고 신라로 돌아온 실성이 그다음 해 신라 왕에 등극한 직후 고마움을 표현하기 위해 인사를 하러 고구려로 방문한 것이 더 자연스럽게 보인다. 사실상 그는 광개토대왕 덕분에 신라 왕이 된 인물이기 때문. 실성왕이 이미 10년 가까이 볼모 생활을 했던 만큼 고구려에게 익숙한 인물이기도 했고 말이지. 하지만 고구려의 내정 간섭이 당연한 시기를 맞이하면서 신라 내부에서 슬슬 반발이 일어나게 된다. 그 과정에서 신라 왕 자리를 두고 실성왕과 내물왕의 아들 간에 대립 역시 생겨나고 있었다.

내물왕 후손들의 왕위 세습

402년, 삼촌인 실성왕이 고구려 덕분에 신라 왕이 되자 반대로 내물왕의 아들들은 한동안 눈치를 볼 수밖에 없었다. 무엇보다 실성왕 뒤에는 광개토대왕을 위시한 북방의 강대국 고구려가 있었으며, 더욱이 당시에는 고구려 군인마저 신라를 지원한다는 명목으로 신라 영역에 포진하고 있었다. 이에 실성왕은 내물왕의 아들들을 각기 고구려와 왜에 볼모로 보내는 등 내물왕 후손의 힘을 약화시킴과 동시에 외교적 안정화를 노렸다.

그리고 시간이 흘러 수많은 전장에서 승리하며 위대한 업적을 남긴 광개토대왕이 412년 세상을 뜨고 태자였던 19세의 장수왕이 고구려의 새로운 왕

이 된다. 젊은 고구려 왕이 등극하자 실성왕은 이전
과 달리 조금 과감해졌는데.

> 가을 7월에 혈성(穴城)의 들판에서 크게 사열
> (査閱)하였고, 또 금성(金城) 남문으로 가서 활쏘기
> 를 구경하였다.

> 《삼국사기》 신라 본기 실성 이사금(實聖尼師今) 14년(415)

혈성의 위치는 정확히 알 수 없으나 경주 외각으
로 추정한다. 즉, 경주 바깥에서 군대를 사열하고 궁
궐 남문에서 활쏘기를 구경하는 등 신라 왕으로서
남다른 군사적 능력을 과시했던 것이다. 하지만 이
런 적극적 행동 때문에 실성왕은 점차 고구려, 무엇
보다 즉위한 지 얼마 되지 않은 젊은 고구려 왕인 장
수왕에게 제대로 찍히게 된다. 신라 왕의 이런 행동
에 대해 고구려 왕이 교체되는 시기를 틈타 독자적
인 권력 추구를 한다고 보았기 때문.

이런 고구려의 생각은 꿈에도 모른 채 실성왕은
고구려 볼모 시절부터 알고 지내던 고구려인에게
내물왕의 첫째 아들인 눌지를 죽여달라 부탁하게
되는데. 오히려 실성왕이 청한 고구려 군사들은 경
주로 오더니 눌지를 왕으로 삼고 실성왕을 제거해
버렸다. 이러한 외교적, 정치적 판단은 일개 고구려

장수가 결정할 수 있는 것이 아니며 당연히 장수왕의 명이었을 것이다.

실성왕은 전 임금의 태자 눌지가 덕망이 있음을 꺼려 그를 죽이려고 고구려에 군사를 청하고 거짓으로 눌지가 맞이하도록 하였다. 그러나 고구려 사람들은 눌지를 만나 그의 행실이 착함을 보고 곧 창 끝을 되돌려 왕을 죽이고 눌지를 왕으로 삼아놓고 가버렸다.

《삼국유사》 기이(紀異) 실성왕

이처럼 당시 신라 왕은 고구려의 의도에 따라 언제든 교체될 정도의 존재에 불과했다. 이를 통해 장수왕은 젊은 고구려 왕의 신라에 대한 통제력을 여실히 보여주고자 했던 것. 특히 고구려인이 표현한 "눌지의 행실이 착함"이라는 평가를 주목하자. 고구려가 볼 때는 자기 정치를 펼치려던 실성왕에 비해 조카인 눌지를 다루기 쉬운 존재로 여겼던 것이다.

물론 이런 고구려의 행동에 대해 신라의 반발이 생길 수도 있기에 신라 왕을 교체한 후 고구려 나름의 온건책도 펼쳤다.

마침내 박제상이 사신의 예로써 고구려에 들어갔다. 고구려 왕에게 말하기를

"저는 이웃 나라와 교제하는 도는 성실과 신의 뿐이라고 들었습니다. 만일 볼모를 서로 보낸다면 오패(五覇, 중국 춘추 시대)에도 미치지 못하는 것이니, 참으로 말세의 일입니다. 지금 우리 임금의 사랑하는 아우가 여기에 있은 지 거의 10년이 되었습니다. 우리 임금은 형제가 어려움에 처했을 때 도와준다는 생각을 오랫동안 마음에 품고 그치지 못하고 있습니다. 만약 대왕께서 호의로써 그를 돌려보내 주신다면 소 아홉 마리에서 털 하나가 떨어지는 정도와 같아서 잃을 것이 없으며, 우리 임금은 대왕을 덕스럽다고 함이 한량이 없을 것입니다. 왕은 그것을 생각하여 주십시오!" 라고 하였다.

고구려 왕은

"승락한다." 라고 말하고, 함께 돌아가는 것을 허락하였다.

《삼국사기》 열전 박제상

이처럼 장수왕은 볼모로 고구려에 있던 신라 왕의 동생을 풀어줌으로써 새로운 신라 왕에 대한 기대심을 표현했다. 이는 곧 말을 잘 들으면 여러 혜택이 있다는 정치적 수사이기도 했다.

이렇게 눌지는 고구려에 의해 신라 왕이 되면서 눌지왕이 된다. 하지만 고구려에 의해 신라 왕이 교체되는 상황을 직접 경험한 이상 눌지왕은 이전 신라 왕처럼 고구려에 전적으로 의존하기보다 현 상황의 탈출을 진지하게 고민할 수밖에 없었다. 이에 고구려와 외교 관계를 유지하면서도 조심스럽게 고구려와 대척점에 있던 백제와도 교류를 시작했다.

봄 2월에 백제 왕이 좋은 말 두 필을 보내더니, 가을 9월에 다시 흰 매를 보냈다. 겨울 10월에 왕이 황금과 명주(明珠)를 백제에 보내 답례하였다.

《삼국사기》 신라 본기 눌지 마립간(訥祇麻立干) 18년(434)

433년 백제 사신이 오자 조용히 화친을 맺은 눌지왕은 다음 해 백제 왕이 선물을 보내자 답례를 보내는 행동으로 한 걸음 더 나아갔다. 당시 고구려의 백제 견제가 상당했음을 볼 때 신라 왕의 행동은 분명 고구려의 심기를 불편하게 하는 내용이었다. 이에 매우 조심스럽게 백제와 우호를 만들어갔을 것이다. 다음으로 435년에는 눌지왕의 명으로 이전 왕들의 묘를 손질하게 되니, 이를 통해 김씨 왕계의 왕릉을 대대로 보수하면서 왕권을 강대하게 선보인다. 그렇게 한 걸음 한 걸음 조심스럽게 신라의 독자적 정치를 보이던 눌지왕은 즉위 34년인 450년이 되자 본격적으로 고구려와 대립에 들어섰다.

가을 7월 고구려 변경의 장수가 실직(悉直)의 들에서 사냥을 하고 있었는데, 우리 하슬라 성주 삼직(三直)이 군사를 내보내서 그를 엄습해 죽였다. 고구려 왕이 소식을 듣고 노하여 사람을 보내와 통고하기를

"내가 대왕과 더불어 우호를 닦아 매우 기쁘게 여기던 터에, 지금 군사를 내서 우리 변경의 장수를 죽이니 이것이 무슨 도리인가?"

하고 곧 군사를 일으켜서 우리의 서쪽 변경을 침범하였다.

《삼국사기》 신라 본기 눌지 마립간 34년(450)

신라 영역인 동해안 삼척에서 고구려 장수가 사냥을 하고 있는데, 이를 꼴사납게 보았는지 신라 성주가 군사를 내보내 죽여버린 것이다. 그러자 장수왕은 크게 분노했고 이때부터 신라와 고구려는 본격적인 대립 관계로 이어졌다. 신라는 자신의 영역에 있던 고구려 병력을 공격하여 쫓아냈으며, 더 나아가 백제가 고구려에게 공격당하면 신라가 구원병력을 보내고 신라가 고구려에게 공격당하면 백제

가 구원 병력을 보내는 등 소위 '나제 동맹'이 맺어
진다. 강력한 고구려에 대항하기 위한 방법이었다.
사실 신라의 '라', 백제의 '제'를 붙여서 '라제'인
데 두음법칙에 따라 '나제'로 부르는 것.

　이처럼 고구려로부터 독립하면서 군사적 위협에
닥치게 되었으나, 오히려 이 기회를 틈타 내물왕의
후손들은 직계로 3대에 걸친 세습에 성공했다. 그만
큼 왕권이 안정적으로 신장되었음을 의미한다. 눌
지가 왕이 된 것을 시작으로 3대가 성공적인 부자
세습을 해낸 것. 부자 세습은 아들로 왕위가 이어지
는 것을 의미하니, 즉 '눌지왕 → 자비왕 → 소지왕'
이 그것이다. 이 과정에서 신라 왕실은 고구려와 대
립하는 것을 부각시켜 자신들의 왕권을 강화시켰으
며, 고구려 공격을 방어한다는 목적으로 경주를 포
함해 여러 지방까지 적극 제어하면서 중앙 집권을
이루어간다.

　덕분에 신라 역사 역시 이들 3대 세습 과정 중 새
롭게 정리되었으니, 자신들의 부계 직계인 내물왕이
고구려 광개토대왕에게 병력을 지원해달라 요청한
내용은 신라 정사에서 아예 빼버렸으며, 대신 고구
려와 연결되는 부정적 이미지는 실성왕에게 대부분
넣어버렸다. 그 결과 고구려의 압박과 그것에 휘둘
린 실성왕, 이를 대신하여 고구려의 손아귀에서 벗

어나 독립적인 신라를 이룩한 내물왕의 후손들이라는 정체성을 구축한 것이다.

하지만 실성왕에 이어 왕이 된 눌지왕은 자신의 부인, 즉 왕비가 다름 아닌 실성왕의 딸이었으며, 눌지왕의 아들이자 다음 신라 왕이 된 자비왕 역시 실성왕의 딸이 어머니였다. 이는 곧 눌지왕은 실성왕의 사위이며 자비왕은 실성왕의 외손자였던 것. 결국 실성왕이 고구려에 의해 제거된 시점만 하더라도 어쨌든 내물왕 후손과 떼놓을 수 없는 깊은 혈연 관계가 존재했던 것이다.

자, 이렇듯 출토 유물 각각의 의미와 더불어 당시 역사 흐름도 확인했으니, 이제 황남 대총을 전체적으로 연결시켜 정리해보자.

황남 대총의 주인은

　앞서 보았듯 황남 대총의 신라 왕 무덤에서는 은
관과 금동관 4개가, 황남 대총의 왕비 무덤에서는
금관이 나왔다. 그뿐 아니라 기본적으로 황남 대총
에는 고구려의 영향 및 고구려로부터 전달받은 부
장품이 많은 편이다. 그래서 학계에서는 고구려와
연결점이 있는 내물왕, 실성왕, 눌지왕 중 한 명의
능으로 추정하는 중인데.
　개인적으로는 황남 대총에서 출토된 고구려식
은관 때문에 이들 중 우선 눌지왕은 후보군에서 빼
고 싶군. 눌지왕은 433년부터 고구려와 사이가 좋지
않던 백제와 외교 관계를 만들더니, 450년부터는 아
예 고구려와 전쟁에 돌입하게 되니까. 이런 상황에

서 일반 장식품도 아닌 관(冠)이라 부르며 당시 문화에서 그 어떤 착용구보다 자신의 신분과 정체성을 상징하던 모자를 굳이 고구려식 은관으로 선보일 이유가 없을 것이다.

그럼 내물왕과 실성왕이 후보군으로 남지만 여기서도 은관이 마음에 걸린다. 아무래도 은관이 고구려 세계관에 따라 '금 > 은' 개념으로 차등 부여된 물건으로 보이기 때문. 당시 고구려 입장에서 완벽하게 신라가 복속했다고 여길 시점은 다름 아닌 400년 5만 대군이 파견되어 신라를 적극 구원한 이후였다. 즉, 신라의 요청으로 군대를 남방으로 파견하여 원하는 군사적 결과물을 만들고 신라 왕이 이에 대한 감사 표시로 직접 고구려로 와서 광개토대왕을 만난 시점이 바로 그것. 그 결과 한동안 신라 왕은 고구려의 신하이자 신라 왕이라는 이중적 지위가 된 것이다. 당연히 고구려의 후원이 왕권 유지에 큰 의미가 있는 시기이기도 했다.

그런데 고구려가 신라 왕을 세우고 적극적으로 정치적 개입을 할 때가 마침 실성왕 시기이기도 하니, 내물왕보다 실성왕이 오히려 은관을 받을 충분한 동기를 가지고 있다. 물론 은관은 당시 문화에서 한 나라의 왕이 사용했다고 보기에는 격이 떨어지므로, 실성왕이 아직 왕이 되지 않은 10년간의 고구려 볼모 기간 동안 사용했던 것일 수도 있다. 그래서 개인적으로는 내물왕보다 실성왕이 황남 대총 남분의 주인공이 아닐까 생각하고 있다.

또한 황남 대총의 신라 왕 무덤에서는 금동관 4개가 출토되는데, 이들 금동관은 시간차를 두고 조금씩 디자인 변경이 있었으며, 사슴뿔을 닮은 녹각마저 없는 것으로 보아 아직 완성 단계의 신라 관은 아니었다. 이 역시 고구려의 영향 아래 그나마 신라 왕의 힘을 소극적으로 강화시키려는 노력에 따른 변화로 볼 수 있지 않을까?

그렇다면 실성왕의 왕비가 금관을 가지게 된 시점은 언제쯤일까? 황남 대총 발굴 조사에 따르면 왕보다 왕비는 시간이 더 지난 뒤에 묻혔다. 이는 곧 실성왕 다음으로 내물왕의 아들이었던 눌지왕이 즉위한 시점으로 볼 수 있는데, 이 시기는 고구려의 영향력으로부터 벗어나기 위한 신라의 노력이 이전에 비해 남다르던 시기이기도 했다. 특히 눌지왕은《삼국사기》에 따르면 435년 들어 이전 신라 왕들의 묘를 손질하게 되니, 이를 통해 김씨 왕계 선조의 무덤을 대대로 보수하면서 왕권을 강대하게 선보인다. 그런 만큼 이 시점을 전후로 하여 금동관 위에 금관이라는 제도 역시 왕권 강화책 중 하나로 등장했을 것이다.

또한 실성왕의 왕비는 미추왕의 딸이자 눌지왕의 장모이기도 했기에 그 의미가 남달랐다. 무엇보다 눌지왕 역시 내물왕과 미추왕의 또 다른 딸 사이에서 태어난 인물이니까. 이는 곧 미추왕의 사위였던 내물왕, 실성왕에 이어 미추왕의 손자, 손녀 간의 근친결혼이 눌지왕과 눌지왕의 왕비 관계였음을 의미한다. 그런 만큼 이미 미추왕이 김씨 왕실에서 중요 인물로 포장된 상황에서 그의 직계 핏줄로 남다른 의미가 있는 실성왕의 왕비 역시 크게 대접할 필요가 있었다. 덕분에 실성왕의 왕비는 눌지왕의 장모이자 미추왕의 딸로서 마침 구비된 새로운 신라 왕실의 제도에 따라 왕족 중 최고 집단에게 부여되는 금관을 받게 된다.

다만 황남 대총 북분, 즉 왕비의 묘에서 고구려로부터 받은 유물 역시 상당히 많이 출토된 만큼, 신라와 고구려 간 관계가 아직 덜 불편한 시점에 만들어진 것은 분명하다. 이에 신라 왕의 묘를 손질하던 435년 전후부터 본격적으로 신라와 고구려가 적극 대립하던 450년 사이에 황남 대총 북분이 구성된 것으로 볼 수 있겠다.

그 결과 417년에 죽은 실성왕은 금동관과 은관을, 435년 이후에 죽은 왕비는 금관을 지니고 있는 황남 대총이 만들어졌고, 그 오랜 비밀을 1970년대 발굴 조사 전까지 단단히 숨긴 채 이어온 것이다.

이상과 같이 내 개인적으로 스토리텔링을 만들어보았다. 사실 해당 스토리텔링은 지금까지 발굴 조사한 신라 고분의 결과물을 바탕으로 구성한 만큼, 새로운 고분 조사와 출토물이 나온다면 언제든지 다른 의견이 도출될 수 있다. 이에 심각하게 '황남 대총 주인 = 실성왕'이라 단정하지 말고 이런 식으로 해석하는 사람도 있구나 하는 정도로 넘어가기로 하자. 학계에도 내물왕, 실성왕, 눌지왕 중 황남 대총 주인공이 누구인지 판단하기 위한 다양한 주장이 존재하나, 무덤 내외 또는 부장품 중 왕의 이름이 정확히 남아 있는 경우가 없기에 100% 확신은 사실상 불가능하거든.

6

백제와 신라

나제 동맹

　지금까지 신라의 황금 문화 성장에 4세기 후반부터의 고구려 영향이 무척 컸음을 확인해보았다. 특히 당시 신라 왕 교체까지 좌지우지했던 고구려였던 만큼 문화적, 정치적으로도 고구려 시스템을 그대로 모방하면서 신라는 성장하게 된다. 그 과정에서 고구려가 '금 > 은'을 통해 신분과 계층을 구별한 것처럼, 5세기 중반부터 신라 역시 해당 제도를 적극 도입했으니,

　왕, 그리고 왕의 직계 중요 핏줄 = 금관, 금 허리띠
　왕의 방계 핏줄 = 금동관, 은 허리띠
　신라 영향력에 속한 유력자 = 금동관, 은 허리띠

로 구분하여 신분과 계층에 따라 그에 맞는 물건을 차등 부여하기 시작했던 것이다. 물론 금동관 대신 다른 금 세공품을 주기도 했기 때문에 반드시 그러하다는 것은 아니며, 가능한 한 저 틀에 맞추어 물건을 주었다는 의미.

한편 고구려와 대항하는 과정을 겪으며 신라의 내물왕 후손들은 약 80년 동안 3대에 걸친 부자 세습을 성공시킨다. 또한 이때의 부자 세습 성공이 500여 년에 걸친 김씨 왕실 유지의 중요한 기본 토대가 되었다. 하지만 신라의 능력으로는 고구려에 홀로 대항한다는 것이 결코 쉬운 일은 아니었다. 당시 고구려는 한반도 영역에 기반을 둔 여러 국가 중 가장 강력했으며, 오죽하면 중국도 함부로 대하기 힘든 국력을 지니고 있었기 때문이다. 당연히 그 국력에 걸맞은 정치 · 문화 · 경제력을 지니고 있었기에 여러 종족이 함께하는 큰 국가로 운영되고 있었다.

이에 신라는 당시 고구려와 크게 대립하고 있던 백제와 손을 잡게 되니, 이것이 다름 아닌 나제 동맹의 성립이다. 이를 통해 백제와 신라는 함께 고구려에 대항할 수 있는 힘을 갖춘다. 혼자서는 힘들어도 둘이 합치면 어찌어찌 방어는 가능했기 때문.

고구려 전성기 지도. 신라의 5세기 황금 문화 시기는 신라의 전성기가
아닌 역설적으로 고구려에 의해 크게 압박받던 시점이었다. 나제 동맹
이 적극적으로 성립된 시기이기도 하다.

  그렇다면 이러한 나제 동맹과 연결되는 유물은
혹시 없을까? 갑자기 궁금증이 생기는군. 가만 생각
해보니, 국립공주박물관에 가면 충청남도 공주 송산
리 4호분에서 출토된 '은제 허리띠 장식' 일부가 전
시되어 있다. 이 유물은 허리띠에 부착하는 네모난

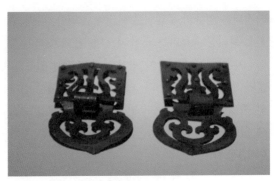
송산리 4호분의 은제 허리띠 장식.

부품 아래에 하트 모양의 장식이 달려 있는 것으로,
1927년 출토 당시만 하더라도 당연히 백제 물건으
로 생각했다. 그러나 그 뒤로 여러 조사 결과가 쌓이
면서 송산리 4호분의 '은제 허리띠 장식'이 신라 것
임을 알게 된다.

한편 송산리 4호분은 '공주 송산리 고분군'에 있
는 백제 왕릉 중 하나로, 이 중 송산리 7호분이 그 유
명한 '백제 무령왕릉'이다. 무령왕(재위 501~523
년)의 부장품이 도굴되지 않은 채 1970년대 발견되
어 백제의 문화를 그대로 선보였으니, 이로써 백제
유일의 완벽하게 보존된 왕릉 부장품이 1500여 년
만에 우리에게 나타난 것이다.

그렇다면 송산리 4호분 역시 최소한 백제 왕실과

연결되는 인물의 무덤임은 분명해 보인다. 다만 고분의 형식상 왕보다는 격이 낮으며 '은제 허리띠 장식' 외에는 이미 도굴이 되어 목관 조각과 일부 유물만 발견되었을 뿐이다. 하지만 백제 땅에서 신라의 허리띠가 발견되었던 만큼 호기심이 생길 수밖에 없었는데, 마침 《삼국사기》에 다음과 같은 기록이 있네.

봄 3월에 백제 왕 모대(牟大)가 사신을 보내 혼인을 요청하자, 왕이 이벌찬 비지(比智)의 딸을 보냈다.

《삼국사기》 신라 본기 소지 마립간(炤知麻立干) 15년(493)

마찬가지로

봄 3월에 왕이 사신을 신라로 보내 혼인을 청하자, 신라 왕이 이찬 비지(比智)의 딸을 보냈다.

《삼국사기》 백제 본기 동성왕(東城王) 15년(493)

백제 동성왕의 요청으로 신라 소지왕은 이벌찬(신라 1등 관등) 또는 이찬(신라 2등 관등) 관등을 지니고 있던 비지(比智)의 딸을 보낸다. 기록이 이것뿐이라 비지가 구체적으로 누구인지 알 수 없으나,

백제 왕에게 딸을 보낼 정도의 인물이면 신라 왕과
도 혈연적으로 무척 가까운 인물이었을 것이다. 그
의 딸이 신라를 대표하는 공주급 신분으로서 백제
왕과 결혼했으니까. 이처럼 백제와 신라가 왕실 간
결혼까지 할 정도의 깊은 관계가 되었기에 당연히
혼인에 따른 양국의 문물 교류도 있었을 것인데.

이에 학계에서는 송산리 4호분의 '은제 허리띠
장식'이 그 흔적 중 하나가 아닐까 하는 추정을 해
보고 있다. 혹시 비지의 딸과 관련이 있으려나? 다
만 해당 고분 내 출토 유물이 너무 적어서 안타깝게
도 이 이상의 이야기를 적극적으로 구성하기란 힘
들어 보이는군.

그렇다면 국립중앙박물관 안에도 혹시나 나제
동맹과 연결될 만한 유물이 있을까? 그래. 있긴 하
지. 암.

식리총 금동신발

국립중앙박물관 신라 전시실에는 훌륭한 금동신발이 한 켤레 전시되어 있다. 몸체는 사라지고 오직 신발 바닥만 남아 있지만, 그럼에도 그 화려한 디자인이 대단히 매력적이지. 가서 자세히 볼까?

역시. 아름답다. 아름다워. 신발 바닥에는 말이 안 나올 정도로 세밀한 그림들이 새겨져 있는데, 새의 몸에 사람의 머리를 하고 있는 인면조(人面鳥)부터 시작하여 정말 다양한 동물들이 등장한다. 다만 실제 존재하는 동물로 보이지 않고 다들 상상의 동물이다. 살아 있는 듯 자연스럽게 표현된 동물들이 거북의 등 무늬 같은 육각형의 단단한 틀 안에 배치되어 있으니, 묘한 긴장감마저 느껴지네.

(위) 식리총 금동신발. (아래) 신발 바닥에 새겨져 있는 인면조를 비롯한
다양한 상상의 동물들. © Park Jongmoo

이처럼 전체적인 도안을 표현하는 방식에서 느껴지는 세련미 덕분에 시간이 한참 흐른 지금도 매력적으로 다가올 정도다. 개인적으로는 낙랑의 '평양 석암리 금제 띠고리'에 버금가는 완성도 높은 도안이라 생각하고 있다. 즉, 이 시기가 되면 금 세공품의 제작 기술부터 도안 디자인까지 중국 수준을 거의 따라잡은 것이다.

한편 이 금동신발은 경주에서 가장 큰 단일 고분인 봉황대 바로 옆의 무덤에서 처음 발굴되었던 1924년 당시만 하더라도 신라에서 제작한 것으로 인식되었고, 근래까지도 그렇게 알려졌었다. 이에 해당 고분에 대해 식리총(飾履塚)이라 이름을 붙인다. 식리(飾履)에 '장식 신발'이라는 의미가 있으니, 장식 신발이 출토된 무덤이라는 의미다.

그러나 이 뒤로 근래까지 신라, 백제 고분에 대한 조사가 많이 이루어지면서 분위기가 서서히 바뀐다. 신라 영역과 백제 영역에서 합쳐서 수십 개의 신발이 출토되면서, 각 국가마다 금동신발을 제작하는 방식이 다르고 장식 디자인 역시 각기 개성이 있음이 밝혀진 것이다. 이에 따라 식리총의 금동신발을 다시 살펴보니, 이게 웬걸? 제작 방식이 신라 형식이 아니라 백제 형식으로 만들어진 신발이었다. 즉, 백제 신발이 신라에 부장품으로 묻혔던 것.

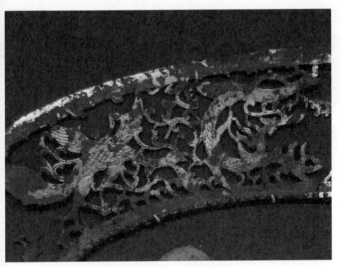

식리총에서 출토된 말안장. 국립중앙박물관.

식리총의 의문은 이뿐만이 아니다. 백제에서 제작한 금동신발과 신라의 은 허리띠, 철로 만든 칼 등을 착용하고 묻힌 식리총의 주인은 금동으로 만든 말안장과 여러 청동기를 주요 부장품으로 함께 지니고 있었다.

마침 이곳 식리총 금동신발 옆에 해당 말안장과 청동기가 있으니 확인해볼까? 자, 이것이 식리총에서 출토된 말안장으로 상당 부분이 깨져 사라졌지만, 그럼에도 자세히 뜯어보면 역시나 금동신발처럼 동물 장식이 보인다. 상상의 동물인 용과 봉황 등이

(왼쪽) 경주 식리총에서 출토된 청동으로 만든 초두. 자루솥이라고도 함.
국립중앙박물관. ⓒPark Jongmoo (오른쪽) 백제 수도였던 풍납토성에
서 출토된, 남조에서 제작한 초두. 남조 초두는 주로 백제 관련 유적, 고
분 등에서 출토된다. 국립중앙박물관.

새겨져 있으며, 무척 세련되고 사실적인 표현이 인
상적이네. 그런데 이런 세밀하고 구체적인 동물 디
자인 역시 당시 신라의 말안장 디자인과는 구별되
는 모습이라는 점. 즉, 식리총의 말안장도 백제 것일
가능성이 높아 보인다.

　식리총에서 출토된 청동기는 바로 옆 신라 전시
공간으로 들어가면 만날 수 있으니, 잠깐 이동하자.
그냥 몇 걸음만 이동하면 됨. 바로 도착하여 가장 눈
에 띄는 것은 청동으로 만든 초두(鐎斗)라는 물건으
로 술·음식·약 등을 끓이거나 데우는 데 사용하
던 용기였다. 이 외에도 식리총에서 출토된 청동기

5세기 남북조 시대와 한반도.

가 몇 개 더 보이는군. 이러한 청동기를 무덤 부장품
으로 넣은 것인데, 당시에는 신분상 0.1%에 해당하
는 상류층에서나 사용하던 최고급 물건이었다. 그
런데 식리총 출토 청동기는 고구려 것과 청동색부
터 다르며 전체적인 디자인이 중국 남조(南朝) 것을
닮았네.

잠시, 여기서 중국 역사를 언급하자면 당시 중국은 4세기부터 5세기 초반까지 주변 이민족의 개입으로 5호 16국으로 치열하게 다투던 화북(華北, 화베이)과 한인의 대거 이주로 인해 그나마 안정적으로 운영되던 강남으로 나뉘다가, 5세기 들어와 화북을 통합한 이민족 국가와 강남을 통합한 한인 국가가 대립하는 상황으로 이어졌다. 이런 5세기 이후의 중국을 소위 남북조(南北朝) 시대라 부른다.

그런데 백제가 이들 중 한족 국가인 남조와 남다른 관계를 유지했으니, 이에 남조의 특산물인 도자기, 청동기 등을 외교 관계를 통해 받아와 백제 영향력 내 세력에게 하사하는 방식으로 권력을 집중시켰던 것이다. 그 결과 백제 관련 고분에서는 중국 남조에서 제작한 도자기와 청동기가 특별히 많이 출토되었으니, 이로 미루어 볼 때 경주 식리총의 남조 청동기 역시 백제가 전달했을 가능성이 무척 높다 하겠다.

이렇듯 식리총의 주인은 자신의 신분과 계급을 알려주는 은 허리띠와 칼 외에는 유독 백제로부터 받은 것을 많이 가지고 있었다. 그런 만큼 해당 인물이 백제와 남다른 연결점이 있던 신라인임은 분명해 보인다. 무엇보다 금동신발의 경우 백제 영역에서 출토되는 그 어떤 금동신발보다 완성도가 높은 형태인 만큼 백제에서 무척 신경을 써서 보내준 것이 틀림없거든.

그렇다면 갑자기 드는 생각이 혹시 식리총이 《삼국사기》에 기록된 백제의 동성왕과 결혼한 신라 여성의 아버지, 즉 비지(比智)의 무덤이 아니었을까? 이 정도 급은 되어야 식리총에서 출토된 백제에서 전달된 높은 수준의 여러 유물과 연결할 수 있단 말이지. 한마디로 단순한 신라 왕족이 아닌 백제 왕의 장인이니까.

이렇게 그림을 쭉 연결시켜보면 식리총 바로 옆에 위치한 봉황대는 백제 동성왕 시대의 신라 왕인 소지왕의 능일지도 모르겠다. 사실 경주의 식리총은 거대한 봉황대 옆에 마치 딸려 있는 듯 만들어진 고분인지라, 봉황대의 주인과 무척 가까운 혈연관계의 무덤으로 추정되거든. 물론 이런 스토리텔링 역시 여러 출토 유물을 바탕으로 한 추정일 뿐 100% 정확한 것은 아니라 하겠다. 왜냐하면 여기서도 명문으로 정확히 기록된 부장품은 나오지 않았기 때문.

어쨌든 신라에 대한 고구려 영향의 흔적처럼 나제 동맹의 흔적 역시 경주 내 금제품을 통해 확인 가능하다는 점이 중요하지. 암.

백제의 금 세공품

자. 지금까지 신라 전시실에서 고구려 및 백제와의 연결점을 각각 찾아보았다. 그럼 이제부터는 백제의 금 세공품이 과연 어느 정도 수준이었는지 알아볼까?

드디어 오래 머물던 신라 전시실을 나와 이번에는 백제 전시실로 이동한다. 백제는 한반도에 위치했던 고대 국가로서 여러 주변국에 영향을 미친 문화 선진국이었으며, 그 왕실의 뿌리는 부여와 연결된다. 특히 3세기부터 지금의 서울인 한성을 중심으로 빠른 정치적 발전을 보였으며, 4세기에는 고구려를 압박하여 고구려 왕을 전쟁에서 전사시키는 등 상당한 국력을 자랑했다. 이 당시 전성기 왕으로는 근초고왕이 있다. 하지만 4세기 후반부터 힘을 되찾은 고구려의 압박 속에 큰 괴로움을 경험하게 된다. 상대가 다름 아닌 광개토대왕과 장수왕이었으니까.

한편 고구려 전시실 바로 옆에 위치한 백제 전시실에서 개인적으로 가장 눈에 띄는 것은 희한하게도 토기들이다. 물론 신라 전시실에도 토기가 무척 많았으나, 백제 토기가 더 눈에 잘 들어오는 이유는? 물론 비교해보면 쉽게 드러나겠지만, 누가 보아도 신라 토기보다 훨씬 잘 만들었기 때문.

신라 토기에 비해 더 하얀 태토와 깔끔한 균형미 및 단단한 형태를 지니고 있는 백제 토기는 당시 일상용품으로서, 요즘으로 치면 도자기 그릇처럼 실생활에 사용되던 물건이다. 그런데 이런 기본적인 그릇의 질부터 신라보다 수준이 높다는 것은 백제의 문화, 경제, 생활 수준 등이 신라보다 위였음을 의미한다. 요즘도 중산층이 사용하는 생활용품을 보면 해당 국가의 경제, 문화 수준을 알 수 있듯이 토기만 보아도 분명 백제는 신라보다 선진국이었던 것. 그래서인지 몰라도 난 백제 토기를 볼 때마다 백제의 문화 수준이 그려지곤 한다.

백제는 일반 토기뿐만 아니라 칠기, 검은 간 토기 등 더 질이 높은 생활품도 생산했는데, 특히 칠기의 경우 낙랑 것과는 다른 개성적 디자인을 지니고 있

백제 전시실의 토기들. 신라와 가야 토기에 비해 훨씬 정갈하고 깔끔하다.
©Park Jongmoo

어 매력적이다. 국립중앙박물관에는 백제 칠기 전시품이 안 보이나, 잠실 한성백제박물관 특별 전시에서 본 적이 있거든. 이 당시 칠기의 가치가 얼마나 높았는지는 낙랑 이야기를 할 때 했으니 넘어가기로 하고. 이렇듯 백제는 중국 물건을 대신할 만한 뛰어난 제품을 여럿 제작했던 것이다.

그렇다면 백제의 금 세공품 수준은 어느 정도였을까? 마침 이곳 백제 전시실에는 백제에서 만든 금동관과 금동신발이 전시 중인데, 이 유물들은 4세기 말에서 5세기까지 공방에서 제작되어 위세품(威勢品)으로서 지방 고위층에게 내려준 것이다. 참고로 위세품은 사용자의 권위를 드러내는 상징적 물건을 의미한다. 마침 이 시기는 대부분 한성백제 시기(475년까지)에 해당하니, 지금의 서울에 백제가 수도를 두고 있었던 시절이라 하겠다. 이러한 금동관과 금동신발 문화는 웅진백제 시대(475~538년)를 거치면서 점차 사라졌다.

즉, 백제의 금동관이나 금동신발 모두 신라에서 경주에 거대 고분을 만들고 황금 문화를 꽃피울 때인 5세기와 동일한 시기의 유물이라 하겠다. 그런데 금동관을 살펴보니 무언가 겉에 세밀한 표현이 되어 있는 듯한데, 형태가 많이 찌그러져서 자세히 보이지는 않는군. 하지만 분명 무언가 새겨져 있다.

백제 금동관. ©Park Jongmoo

그럼, 무엇이 새겨져 있는지 다른 예시를 들어 이야기해야겠군. 현재 국립전주박물관 상설전시실에는 2009년 고창 봉덕리 고분에서 출토된 백제 금동 신발이 전시 중이다. 불과 수년 전만 하더라도 국립중앙박물관 백제 전시실에서 한동안 전시를 한 적이 있었는데, 그때 내 마음을 완벽히 사로잡고 말았다. 생각난 김에 스마트폰으로 검색을 해봐야겠군.

그래, 바로 이거다.

화면에 뜬 사진을 보면 알 수 있듯이 고창에 위치한 지방 세력가에게 내려진 고창 봉덕리 금동신발은 거북 등껍질의 육각형 문양 안에 다양한 동물들을 새겨 넣었다. 오랜 기간 땅속에 있었음에도 운 좋게 보존이 잘되어 백제 시대 금 세공품의 수준을 알려주고 있네. 특히 살아 있는 듯 묘사된 동물들을 보면 절로 감탄이 나온다. 새겨진 동물들은 실제 존재하는 것이 아닌 상상 속 기묘한 동물들로, 백제가 이런 디자인을 무척 좋아했던 모양. 이는 방금 보고 온 경주 식리총의 금동신발과도 디자인적으로 연결되며, 오죽하면 6세기 후반에 제작된 백제를 상징하는 최고 보물인 국보 백제 금동대향로에도 기묘한 동물들이 대거 등장하니까.

그런데 방금 만난 신라 유물 중에 이 정도로 세밀한 묘사와 표현을 본 적이 있었나? 기억해보니 백제 부장품이 대거 묻힌 식리총 유물을 제외하면 없던 것 같다. 백제와 비교하여 신라 금제품은 금이나 금동에 단순히 격자무늬나 점, 선, 그 외에 추상적 문양 등을 새겨 넣은 것 정도에 불과했거든. 아, 맞다. 경주 천마총에서 출토한 '천마문 말다래'에서 '천마(天馬)를 표현한 금동관'이 발견되어 2014년 국립경주박물관에서 전시했던 것이 기억나는군. 그리고

(위) 국립전주박물관에 전시 중인 고창 봉덕리 금동신발. (아래) 금동신
발 안에 새겨져 있는 인면조를 비롯한, 다양한 상상 속 동물들. 경주 식
리총 신발과 비교하기 위해 잠시 193쪽으로 이동. ⓒPark Jongmoo

'천마총 금동제 바리'에서도 용무늬가 그려진 모습이 보이기는 했다. 하지만 이들 신라 작품도 백제 것에 비하면 묘사력에 분명한 한계가 있었다.

이처럼 높은 수준의 백제 금동신발은 2014년, 전라도 나주에서 또다시 발견된다. 나주 정촌 고분에서 출토된 해당 유물은 신발 앞에 용머리를 장식했으며, 표면에는 육각형의 틀 안에 다양한 동물을 새겼거든. 결국 높은 수준의 금동 세공품인 고창 봉덕리 금동신발과 나주 정촌 금동신발은 2021년 나란히 보물로 지정되기에 이른다. 확신컨대 최소 둘 중 하나 또는 둘 다 근시일 내 국보까지 오를 것이다.

마찬가지로 현재 국립중앙박물관에서 전시 중인 백제 금동관 역시 아주 자세히 살펴보면 표면에 용이나 봉황 등이 새겨져 있다. 오래 땅에 묻혀 있는 과정에서 금속이 부식되고 제거하기 힘들 정도로 완전히 접착된 흙 때문에 잘 안 보일 뿐. 이처럼 백제는 금동관과 금동신발에 신라보다 더 다양하고 세밀한 문양을 새겼던 것이다.

그리고 여기서 하나 더 주목할 부분은 이처럼 뛰어난 유물 대부분이 4세기 후반에서 5세기까지의 한성백제 시기에 지방 세력가에게 내려준 물건이라는 점. 즉, 한성백제 시기의 수도에 살던 백제 왕과 왕족들이 사용한 물건은 이보다 질적 수준이 훨씬 위였을 것이다. 하지만 안타깝게도 고구려 장수왕에 의해 한성이 무너지면서 당시 백제 왕이나 왕족이 수도에서 사용하던 고귀한 물건 대부분은 전란 속에 사라지고 말았다. 그 결과 당시 지방에 내려준 물건을 바탕으로 백제 수도에서 사용한 물건을 상상해볼 수밖에 없군.

그럼에도 불구하고 5세기 기준으로 신라 중심지인 경주의 출토품과 백제의 지방 출토품을 비교해 백제 금 세공품의 표현력이 더 좋다는 의미는, 5세기 시점 확실히 백제가 문화적으로 신라보다 위에 있었음을 의미함이 아니려나? 동시대 백제와 신라 간 수도 VS 수도 금 세공품의 대결을 펼쳤다면 백제가 분명 훨씬 우세했을 테니까.

장식된 디자인의 위계

앞서 살펴보듯 신라는 '금 > 금동 > 은' 등으로 구별하여 위계를 표시했다. 즉, 제공되는 위세품의 디자인은 거의 동일하나 계급에 따라 제공하는 금속을 달리하는 방식으로 각자의 위치를 구별한 것.

반면 백제의 경우 각기 다른 금속이 아닌 금동관, 금동신발이라는 동일한 위세품만으로도 위계를 나눌 수 있었다. 그 방법은 다름 아닌 뛰어난 표현력에 있다. 예를 들면 용과 봉황이 그려진 금동관과 초화문(草花紋)이라 하여 가지와 풀을 간략히 표현한 무늬가 그려진 금동관으로 구별하는 방법이 그것. 이는 곧 백제 기준으로 더 중요한 인물에게는 용이 그려진 금동관을 내리고, 그보다 격이 떨어지면 일반

무늬의 금동관을 내리는 방식이다.

실제로 지금까지 백제 금동관의 출토 장소를 살펴보면, 지역에 따라 용과 봉황이 새겨진 금동관 또는 일반 무늬가 새겨진 금동관 등이 차등으로 부여되었다. 즉, 백제에게 중요도가 큰 세력에게는 용과 봉황을, 중요도가 조금 떨어지는 세력에게는 일반 무늬로 구별했던 것. 그런데 흥미로운 점은 백제 금동관이 바다 건너 일본에도 부여되었다는 사실이다.

일본 규슈(九州)에는 5세기 말~6세기 초 조성된 에다후나야마 고분(江田船山古墳)이라 불리는 무덤이 있다. 조사 결과 내부 유물은 5세기 중후반 것이 함께하고 있다고 하더군. 이 고분은 일본 특유의 무덤 구조인 전방후원분(前方後円墳 : 앞은 네모나고 뒤는 둥근 형태)으로 주변 지역에서 가장 큰 고분이기도 하다. 그런데 1873년, 바로 이곳에서 다름 아닌 백제 금동관과 함께 여러 금 세공품이 출토되었다. 해당 유물들은 현재 도쿄국립박물관 상설전시실에서 만날 수 있으며, 나 역시 여러 번 가서 직접 보았지. 다만 처음 금동관이 발견될 때만 하더라도 일본 특유의 장식인 줄 알았으나, 한반도에서 백제 금동관이 많이 출토되면서 백제로부터 받은 물건임이 드러나게 된다.

그렇다면 왜 일본 규슈에서 백제 금동관이 발견된 것일까? 백제와 일본의 친밀한 관계는 대중들에게도 꽤 잘 알려진 역사다. 특히 백제는 강력한 고구려와 대결을 펼치는 과정에서 가야, 일본 세력을 자국으로 끌어들여 힘을 키우고자 했다. 더 나아가 한성백제 어느 시점부터는 아예 일본에 왕족까지 파견하며 적극적인 교류를 이어갔다. 사실 동 시점 고구려 역시 말갈, 거란, 선비 사람들을 고구려에 적극 편입시켜 힘을 키우고 더 나아가 전쟁에도 함께 나섰으니까. 이처럼 이 시대는 하나의 민족이라는 개념이 아직 구성되지 않았던 만큼 다양한 종족과 국가가 필요에 따라 힘을 합치고 사람이 이동하는 등 교류가 활발했던 시기이기도 했다.

그뿐 아니라 5세기 중반까지만 하더라도 일본과의 관계에서 규슈 세력과의 교류가 큰 중요도를 지니고 있었다. 한반도와 거리가 가깝고 문화적으로도 접하기 쉬운 규슈는 매우 일찍부터 한반도와 적극적 교류가 이어졌기 때문. 그 과정에서 한반도에 영향을 받은 무덤이 만들어지기도 했다. 이런 분위기는 5세기 중후반 들어오며 일본 간사이(關西) 지역이 정치적으로 크게 성장하자 서서히 바뀐다. 이에 백제 역시 6세기 전후로 간사이 세력과 교류를 만들어갔으며, 이로써 우리가 잘 아는 백제, 일본 간의 관계가 구성되었으니 소위 왕실 간 교류가 그것.

이는 바꿔 말해서 5세기 중후반까지만 하더라도 백제가 한반도에서 가까운 규슈 지역에 대한 관심이 더 지대했다는 의미이기도 하다. 이와 마찬가지로 5세기 후반에서 6세기 초반까지 백제 영역인 전라도에는 한동안 일본식 전방후원분이 조성되면서 백제와 규슈 간 적극적인 인적 교류가 이어졌다. 그런 만큼 백제에서는 용이 새겨진 금동관을 규슈의 세력가에게 주어 서로의 교류에 대해 높은 평가를 했던 것이다.

이처럼 백제는 신라보다 더 뛰어난 수준의 금 세공품을 만들 수 있었기에 굳이 금속의 종류를 달리하지 않고 표현된 장식만으로도 각각의 위계를 나눌 수 있었다. 이는 곧 세공품의 질이 신라보다 위였다는 의미이며, 실제로도 신라 고분은 부장품이 어마어마하게 묻혀 있는 반면 백제 고분은 부장품 숫자가 적은 것을 통해 두 국가가 추구하는 문화가 서로 달랐음을 보여준다.

한마디로 '백제는 질(質), 신라는 양(量)'이었던 것. 지금도 명품 브랜드 가방 하나의 가격이 일반 가방 수십 개와도 바꿀 수 없는 것을 보면 쉽게 이해할 수 있지 않을까 싶군. 아무리 신라 고분 내 부장품의 양과 숫자가 많더라도, 최고급 물건 소수로 부장품을 정리한 백제 눈으로 볼 때는 과시욕이 강한 약간 후진국 같은 분위기로 느껴졌을지도 모르겠다.

자, 여기까지 5세기에 만들어진 금 세공품을 통하여 동시대 백제와 신라 간 문화적 격차를 이해해 보았다. 이를 통해 분명 백제가 동시대 문화 선진국이었다는 사실을 깨달으며, 다음으로 가야 전시실을 가보기로 하자.

7

가야와 금

금관가야에서 대가야로

가야는 일반적으로 백제나 신라 수준의 고대 국가까지 성장하지 못했다고 이야기한다. 즉, 왕을 정점으로 하는 중앙 집권적 정치 체제를 완전히 갖추지 못했다고 보는 것. 그러나 한때, 그러니까 3세기부터 4세기까지는 오히려 신라보다 발달된 모습을 보여주었으며, 그 대표적 국가로 김해에 위치한 금관가야가 있었다. 또한 그 힘의 바탕에는 철이 있었으니….

덕분에 국립중앙박물관 가야 전시실을 방문하면 가야 철기에 대한 내용이 47%는 되는 듯하다. 나머지 47%는 가야 토기, 6%는 가야의 금 세공품.

그런데 이 당시 가야는 일본과 문화적으로도 무

척 깊은 관계가 있었다.

　　남자들은 애 어른 가리지 않고 모두 얼굴에 문
신을 하는데, 예로 내려온 것이다.

《삼국지》 위서 동이전 왜(倭)

　　왜(倭)와 가까운 지역이므로 남녀가 문신을 하
기도 한다.

《삼국지》 위서 동이전 한(韓)

　　당시 왜(倭), 그러니까 일본에는 남자들은 반드시
문신을 하는 문화가 있었는데, 가야 역시 일본과 가
까운 곳에서는 문신을 하는 문화가 존재했다. 이는
두 지역이 일방적으로 한쪽에서 한쪽으로 문화가
전달된 것이 아니라 서로 간 교류가 이루어졌음을
의미하겠다. 이에 철은 가야에서 일본으로 이동했
고, 일본과 교류가 많아지자 반대로 일본의 문신 문
화가 가야에서 유행했던 것이다.
　　하지만 금관가야는 400년 신라의 요청으로 고구
려 5만 대군이 남방 원정을 하면서 힘을 잃었으며, 5
세기 중반 들어 이를 대신하여 성장한 국가는 고령
의 대가야였다. 이 시기 대가야는 적극적으로 세력
을 확장하면서 여러 가야 소국들을 통솔했고, 바다

건너 중국 및 일본과도 교류에 임했다.

그리하여 일본에서는 5세기 중후반 들어와 대가야 유물이 여러 고분에 등장하게 된다. 그 예로는 우선 규슈에 있는 '에다후나야마 고분'이 있겠다. 앞서 이야기했듯 이곳은 백제의 금동관과 금동신발이 출토되어 유명세를 얻은 장소인데, 이뿐만 아니라 대가야의 금 귀걸이까지 출토되었던 것. 이는 곧 에다후나야마 고분의 주인은 생전 백제와 깊은 연결점을 가진 상황에서 대가야와도 교류를 이어갔음을 의미한다 하겠다.

그뿐 아니라 일본 각지에서 5세기 중반에는 신라의 금동 말안장과 금 세공품이, 5세기 중후반에는 가야의 금 세공품 등이 적극 도입되고 있었다. 일본 간사이 지역의 정치적 발달이 심화되면서 한반도의 금 세공품에 대한 수요가 갈수록 커져갔기 때문. 즉, 일본에서도 위계에 따라 중앙에서 위세품을 적극 분배하는 과정이 만들어지자 이에 필요한 금 세공품을 한반도로부터 받아 충당했던 것이다. 이러한 일본의 발전에 주목한 백제가 6세기 전후 규슈를 넘어 간사이의 일본 세력과 적극적으로 교류하기 전까지 가야의 일본에 대한 교류 우위는 이어졌다.

하지만 백제와 신라의 압박 속에서 점차 대가야는 성장에 한계를 가질 수밖에 없었다. 그러다 532

년에 금관가야가 신라에 병합되고 대가야는 562년에 신라에 병합되면서 가야는 역사의 뒤안길로 사라졌다. 이 과정에서 가야가 오랜 시간 구축했던 한반도와 일본 간의 교류 시스템은 백제가 대신하게된다.

여기까지 가야 역사를 대충 살펴보았고, 그럼 가야의 황금 문화는 어떠했는지 알아보자.

가야의 금 세공품

5세기 중반부터 대가야는 정치적으로 빠르게 성장하면서 각 신분의 위계에 따라 위세품을 구별하며 권력을 집중시켰다. 이 과정에서 신라처럼 금관, 금동관, 금 귀걸이, 금 팔지 등이 등장하게 되었으니, 마침 국립중앙박물관 가야 전시실에는 해당 유물이 잘 전시되어 있네. 다만 더 많은 가야 유물, 특히 금 세공품을 보고 싶으면 국립김해박물관 방문을 추천. 아무래도 국내 제일의 가야 전문 박물관이니까.

아름답군. 아름다워. 역시나 금붙이들은 오랜 세월과 상관없이 화려하다. 이것이 바로 금이 지닌 독특한 매력이라 하겠다. 순금의 경우 시간이 아무리 지나도 변형이 거의 되지 않으니까.

대가야 왕릉이 위치한 고령 지산동 고분에서 출토된 금동관. ⓒ Park Jongmoo

　이처럼 국립중앙박물관은 가야 고분에서 출토된 금 세공품을 잘 배치해두어, 신라와 유사한 황금 문화가 가야에도 존재했음을 보여준다. 특히 이 중 금동관이 무척 인상적인 디자인이다. 대가야 왕릉이 위치한 고령 지산동 고분에서 출토된 이 금동관은 양쪽으로 뿔이 달린 중앙의 넓적한 판 위에 X자형의 문양을 점선으로 교차해 새겼다. 신라, 백제의 것과는 다른 개성적 모습을 보이고 있는 것. 이는 곧 대가야가 관(冠), 즉 모자의 디자인처럼 신라, 백제와 구별되는 가야만의 독자적 정치력을 선보이고자 했음을 의미한다.

안타까운 점은 당시 가야 역사가 기록으로 거의 남아 있지 않다는 것이다. 이는 고려 정부의 추진으로 김부식이 《삼국사기》를 편찬하는 과정에서 고구려, 백제, 신라 역사만 정리했기 때문이다. 통일신라 말기 후삼국으로 나뉜 혼란을 고려가 극복한 후, 신라에 이어 다시금 삼한일통을 이룩했음을 정통성으로 주장했던 만큼 그 근거가 되는 삼국의 역사에만 관심을 둔 모양이다.

반면 《삼국사기》보다 뒤에 나온 일연의 《삼국유사》에는 가야 역사에 대한 기록이 일부 전해지고 있다. 이에 만일 마음만 먹었으면 고려 정부 차원에서 《삼국사기》처럼 가야사 역시 정리할 수 있었을 텐데 하는 아쉬운 생각이 드는군. 어쨌든 부족한 사료로 인해 가야의 금 세공품을 바탕으로 고구려, 백제, 신라처럼 여러 이야기를 구성하기는 참으로 어렵다. 아무래도 기록과 출토품을 함께 비교해야 더 풍성한 이야기가 만들어질 텐데, 안타깝군.

한편 금동관 옆에는 가야 금관이 하나 전시 중이다. 이 금관은 진품은 아니고 도쿄국립박물관이 소

도쿄국립박물관이 소장하고 있는 오구라 컬렉션 금관 복제품. 신라 금관과 비교하면 크기가 훨씬 작다. 국립중앙박물관. ©Park Jongmoo

장하고 있는 것을 그대로 복제하여 전시해둔 것. 오구라 컬렉션이라 하여 일제 강점기에 한반도 유물을 대거 수집한 오구라 다케노스케(小倉武之助, 1896~1964년)가 도쿄국립박물관에 기증한 유물 중에 있는 가야 금관을 복제한 것이다. 다만 이 금관에 대해서 도쿄국립박물관에서는 출토 지역을 창녕이라 기록하고 있지만, 국내 학자들은 오히려 고령의 대가야로 추정하는 듯하다. 당시는 워낙 도굴이 심했던 시절이라 정확한 출토 지점 역시 확실하지 않으니까.

잠깐. 여기서 이야기 하나를 덧붙이자면. 일제 강점기에 일본으로 유출된 한국 유물이 꽤 많이 존재하는 것은 아마 한국인 중 모르는 사람이 거의 없을 것이다. 이런 과거의 아픈 역사에 대해 우리가 제대로 복수할 수 있는 방법이 하나 있긴 한데. 그냥 개인적인 의견이므로 편하게 이야기해보겠다.

한국 경제력이 선진국으로 성장한 지금, 일본의 국보, 보물 급 유물을 대거 구입하여 국립중앙박물관 등 국내 박물관에 당당히 전시하는 방법은 어떨까 싶다. 일본은 지정 문화재를 제외하면 한국과 달리 고미술이라도 얼마든지 해외 유출이 가능하므로 우리의 의지만 있다면 충분히 진행할 수 있다.

또한 일본에서는 매년 일정한 숫자의 문화재가 지정 문화재로 선정되고 있으니 마치 한국에서 매년 새로운 국보, 보물이 지정되는 것과 마찬가지라 하겠다. 그렇다면 지정 문화재가 아직 되지 않았으나 그럴 가능성이 높은 A급 일본 유물을 한국에서 수집하여 대거 가져온다면 한일 양국에서 꽤나 사회적으로 이슈가 될지도 모르겠군. 그리고 수집한 여러 일본 A급 유물을 통해 한반도와 연결되는 일본 역사 역시 구성해보는 것이다. 현재 국립중앙박물관에 일본 전시실이 있으나, 이 정도 내용으로는 솔직히 너무 부족하니까.

이렇듯 일본 A급 유물이 국내 박물관에서 선보이게 된다면 어떤 효과가 생길까? 물론 당장의 효과로는 한국, 일본 관람객이 이를 구경하러 오는 것이 있겠다. 하지만 그보다 더 먼 미래를 위해서라도 이러한 유물 확보 과정은 반드시 필요하다 여겨진다. "일본이 강한 시절에는 한반도 유물을 가져갔듯이 반대로 한반도가 강한 시절에는 일본 유물이 한반도로 유출되었구나."라는 교육이 가능하기 때문. 즉, 이러한 작품 수집이 미래 세대의 근현대 역사 이해에 중요하다는 의미.

그 결과 한 국가의 경제와 힘이 다른 국가에 비해 하락할 때도 상승할 때도 있으니 현실에 쉽게 굴복하지 말고 적극적으로 나아가자는 교육이 될 테니까. 이처럼 한국 박물관의 일본 A급 유물 전시는 우리 시대 한반도가 극복한 역사 및 되찾은 힘을 표현하는 또 다른 방식이 될 수 있겠다. 물론 일본에게는 상황이 완전히 변했음을 보여주는 상징성이 있겠지.

자. 삼천포로 빠진 이야기는 이쯤에서 정리하기로 하고, 다시 가야로 돌아올까. 그래. 금 세공품 이야기를 하던 중이었지.

가야의 고리자루 큰칼

　학계에서는 대가야의 금 세공품이 백제의 영향을 받아 점차 발전한 것으로 보고 있다. 즉, 한때 고구려가 신라를 통제하듯 백제는 가야에게 영향력을 보였던 것. 그러나 백제의 개로왕이 475년, 고구려의 장수왕에 의해 죽임을 당하면서 분위기가 바뀐다.

　가라국은 삼한의 종족이다. 건원 원년(479)에 국왕 하지의 사신이 와서 조공을 올렸다. 조서를 내려 "널리 헤아려 비로소 남제 조정에 올랐으니, 먼 오랑캐가 감화되었다. 가라 왕 하지가 바다 밖에서 관문을 두드리며 동쪽 먼 곳에서 폐백을 바쳤

으니 가히 보국장군(輔國將軍)·본국왕(本國王)에
제수할 만하다."라고 하였다.

《남제서(南齊書)》

이처럼 가야는 백제 왕이 고구려의 공격으로 죽
고 그 여파로 백제의 수도까지 한성에서 공주로 이
전하는 상황을 확인한 직후 독자적인 움직임을 보
이고자 했다. 이에 백제 영향력에서 잠시 벗어나 중
국 남조에 사신을 보내며 적극적인 외교 활동을 보
였다. 그 과정에서 중국으로부터 높은 관직을 받는
등 가야 왕의 권위는 높아졌으니, 이를 계기로 대가
야는 여러 가야 소국을 포섭하는 위치에 올라서게
된다.

또한 이 시점에 들어와 대가야에서는 금관, 금동
관, 금 귀걸이, 금 세공품 등을 생산하여 위계에 따
라 차등으로 물건을 내려주면서 권력을 집중시켰는
데, 이 중 특히 주목받는 물건이 '고리자루 큰칼'이
다.

고리자루 큰칼은 둥근 고리가 손잡이 끝부분에
장식된 칼로, 유목 민족에 의해 시베리아를 거쳐 한
반도 및 중국으로 넘어온 디자인이었다. 특히 철기
시대로 들어오자 한반도에서 고리자루 큰칼은 엄청
난 유행을 했으니, 과거 청동기 시대의 요령식 동검,

세형동검에 버금가는 인기라 하겠다. 오죽하면 고구려, 백제, 신라, 가야 모두가 고리자루 큰칼을 사용했을 정도.

그런데 둥근 고리만으로는 아무래도 심심했는지, 시간이 지나자 둥근 고리 안으로 다양한 장식을 넣기 시작한다. 이에 5세기 후반에 이르면 둥근 고리 안에 용, 봉황, 쌍룡(雙龍) 등이 등장하는 칼까지 만들어졌다. 이렇게 신묘한 동물이 장식된 칼에는 금과 은으로 장식을 하여 아무나 사용할 수 없는 권위를 입혔다.

한반도의 고리자루 큰칼 중 가장 대표적인 것으로는 백제 무령왕릉에서 출토된 무령왕의 칼이 있다. 둥근 고리 안으로는 용의 얼굴을 배치했고, 그 바로 아래에는 육각형 틀 안에 봉황을 새긴 은판으로 장식했다. 그리고 금과 은으로 만든 실을 둘둘 감아서 칼 손잡이를 장식하고, 칼과 연결되는 손잡이 마지막 부분도 육각형 틀 안에 봉황을 새긴 은판으로 장식했다. 국립공주박물관에서 상설 전시 중이니 궁금하면 방문 추천.

한편 이렇듯 화려한 고리자루 큰칼의 다자인을 백제로부터 받아들인 대가야도 엄청나게 공을 들인 작품들을 탄생시킨다. 특히 5세기 후반에서 6세기 초반 고분인 합천 옥전 M3호분에서 출토된 고리자

(위) 용이 크게 장식된 고리자루 큰칼. 무령왕릉. (아래왼쪽) 합천 옥전
M3호분의 봉황문 고리자루 큰칼. 경상대박물관. (아래오른쪽) 합천 옥전
M3호분의 용봉문 고리자루 큰칼. 국립김해박물관.

루 큰칼 4점이 2019년 들어와 드디어 보물에 지정되었는데, 이 칼들의 장식과 미감은 백제와 경쟁해도 밀리지 않는 수준이라 하겠다. 4점의 칼 중 한 점은 국립중앙박물관에서, 한 점은 국립김해박물관에서, 나머지 2점은 경상대박물관에서 보관 중이다.

그럼 국립중앙박물관에 전시 중인 고리자루 큰 칼을 보도록 할까? 둥근 고리 안으로는 한때 금으로 장식된 용과 봉황의 머리가 보이네. 국립중앙박물관에서 볼 수 있는 것은 금이 조금 벗겨져 청동색이 강하나, 국립김해박물관 소장품은 금빛이 여전히 잘 살아 있다. 또한 고리 안에 각각 반대 방향으로 고개를 돌린 형태의 용과 봉황 머리 장식을 보자. 매우 세밀한 조각이다. 이렇듯 용과 봉황 머리가 함께하고 있기에 소위 용봉문(龍鳳紋)이라 부른다. 둥근 고리와 연결되는 칼 손잡이 부분에는 쌍룡이 새겨져 있으며, 마찬가지로 손잡이에서 칼로 연결되는 부위 역시 금으로 장식되어 있다.

소장처가 다른 나머지 3점의 칼도 이와 유사한 형태이나 조금씩 디자인이 다르다. 그렇다면 이렇듯 4점의 장식 칼을 부장품으로 가지고 있던 합천 옥전 M3호분 주인공은 과연 누구였을까?

대가야 중심지인 고령에서 가까운 합천은 나름 독자적인 토기 문화를 가지고 있었음에도 불구하고

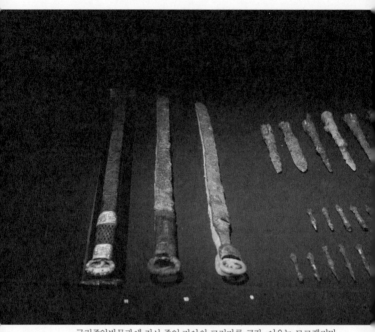

국립중앙박물관에 전시 중인 가야의 고리자루 큰칼. 이유는 모르겠지만 안타깝게도 상세한 장식은 확인하기 어렵게 전시되어 있다. ⓒPark Jongmoo

합천 옥전 M3호분에는 전부 대가야 양식의 토기가 부장품으로 들어가 있었다. 또한 화려하게 장식된 고리자루 큰칼이 무려 4점이나 출토되었고, 이 외에 도 금으로 칠한 청동 투구를 비롯하여 갑옷, 말 투구 등도 함께 부장품으로 나왔다. 이는 곧 주인공이 상 당한 권력을 지니고 있었던 인물이자, 그 강력한 권력의 기반을 추측컨대 대가야와의 연결점이 컸음을 보여준다.

이처럼 대가야는 주요 지방 세력에게 화려하게 장식된 '고리자루 큰칼'을 줌으로써 자신의 세력 내에서 존중받도록 만든 것. 그런 만큼 5세기 후반에서 6세기까지 합천은 고령의 대가야와 정치적으로 함께하는 중요 세력으로 활동했음을 알 수 있다. 이처럼 화려하게 장식된 대가야식 고리자루 큰칼이 대가야의 수도가 위치한 고령을 중심으로 합천, 창녕, 산청, 함안 등에서 출토되었으니, 이를 통해 당시 대가야와 그 영향력에 움직였던 가야 소국의 형태를 그려볼 수 있다. 결국 백제, 신라가 자신을 따르는 세력에게 금동관을 부여하는 방식을 대가야에서는 고리자루 큰칼로 대신했던 모양. 이 외에도 당연히 금 귀걸이 등 다른 대가야의 금 세공품도 여러 지역에 부여되었다.

3월에 고구려가 말갈과 함께 북쪽 변경에 쳐들어와 호명성(狐鳴城) 등 7성을 빼앗고, 또한 미질부(彌秩夫)로 진군하였다. 우리 군사는 백제·가야의 구원병과 함께 길을 나누어 막으니 적이 패하여 물러갔다. 이하(泥河) 서쪽까지 추격해 물리치고 1천여 명의 목을 베었다.

대가야와 백제, 신라.

《삼국사기》 신라 본기 소지 마립간 3년(481)

한편 고구려는 475년 백제의 한성을 무너뜨리고 백제 개로왕을 포로로 잡아 죽인 뒤, 481년에는 신라를 공격하면서 미질부(彌秩夫), 즉 지금의 포항까지 진군했다. 이는 곧 백제처럼 신라 왕도 포로로 잡겠다는 무서운 의도였다. 이처럼 공포가 밀려들어올 때 백제와 가야 구원병이 당도하여 신라군과 함께 고구려 군대를 공격했고, 결국 고구려는 패하여 물러나게 된다. 이처럼 대가야는 독자적 힘을 갖추면서 나제 동맹 내에서도 꽤나 훌륭한 지원국으로 위치했던 것이다.

하지만 한반도 내 고구려의 우세점이 점차 약화되자 백제와 신라는 조금씩 비걱거리기 시작했고, 그 사이에 있는 가야 역시 국력의 한계에 직면한다. 이와 관련한 유물로는, 음….

신라 금관과 가야 금관

백제의 성왕(聖王, 재위 523~554년)과 신라의 진흥왕(眞興王, 재위 540~576년)은 각각 백제와 신라를 한 단계 더 높은 국가로 성장시킨 군주로서 6세기를 대표하는 한반도 인물이다. 또한 이들은 가야영역을 자국 영향력 내로 확보하는 일에 특별한 관심을 가졌다.

이에 대가야를 포함한 여러 가야 소국들은 백제와 신라 사이에서 해답을 찾느라 바빴으니, 백제 압박이 강할 때는 신라 편을 들고 신라 압박이 강할 때는 백제 편을 들면서 살길을 열고자 했다. 상황이 이러함에도 여러 가야 소국을 이끌어주어야 할 대가야가 6세기 초반에 들어오며 오히려 힘이 꺾이면서 혼란이 가중되고 있었다.

이러한 가야의 모습은 현재 전시된 유물을 보아도 어느 정도 추측이 가능할지 모르겠다. 아까 동시대 유물을 비교해보며 질(質)에서 뛰어난 백제, 양(量)에서 뛰어난 신라를 만났었지. 그렇다면 가야는 어떠했는지 살펴볼까? 우선 방금 '고리자루 큰칼'을 비교해볼 때 하나하나 세공품의 질은 분명 가야가 백제의 70% 수준까지 표현이 가능했다. 다음으로 양을 비교해볼 차례 같군. 마침 가야의 금 세공품을 전시하는 장소 바로 옆에 황남 대총 북분에서 출토된 금관과 금 허리띠가 있으니, 이를 잠시 보고 오도록 하자.

대표적인 유물을 위해 완전히 공간을 할애한 장소에는 신라 황남 대총 금관과 허리띠가 있다. 오직 금관과 허리띠를 위해 만들어진 공간인 만큼 황금빛은 그 아름다움을 더해준다. 그런데 이 금관은 높이 27.5cm에 무게 1.062kg이며, 허리띠는 길이 120cm에 무게 0.919kg이다. 즉, 각각 1kg 정도의 무게라 하겠다.

현재 금 시세로 보자면 1kg이 7300만 원 정도이니, 2kg이면 1억 4600만 원 정도 되겠군. 지금도 1억 4600만 원을 명품 옷으로 치장할 수 있는 사람은 재벌급 부자이거나 패션쇼에 등장하는 모델 정도일 듯하다. 아, 물론 황남 대총 북분의 주인인 신라 왕비의 경우 금관과 금 허리띠 안으로는 당시 인류가 만들어낸 최고 수준의 비단으로 된 옷을 입었을 테지만, 이 부분은 사라져버려 현재가로 계산이 솔직히 어렵겠군. 그뿐 아니라 금 가치 역시 현재보다 훨씬 높은 시대이기도 했다.

자, 이렇게 신라 금관을 보고나서 다시 가야 전시실로 돌아와 가야의 금동관과 금관을 보면 크기가 신라 금관에 비해 확실히 작음을 확인할 수 있다. 오구라 다케노스케가 수집한 가야 금관의 무게는 알려져 있지 않지만, 단순히 눈으로 보아도 그 크기가 비교되니까. 이렇듯 눈에 가장 띄는 금관만 비교를 해보았지만, 전체적으로 보아도 기타 여러 부장품으로 묻힌 금의 양도 신라가 가야에 비해 월등하게 위였다.

그런데 5~6세기 한반도에서는 황금을 사금 채취 방식으로 모았으니, 풍화를 통해 오랜 시간 작은 입자로 흩어져 퇴적된 강 하류의 금을 채취하는 방법이라 하겠다. 즉, 강의 흙을 퍼서 접시에 넣고 흔들면 비중이 높은 사금이 가라앉는데, 이를 하나하나 모으는 방식이다. 이와 관련한 내용이 〈신라 황금에 대한 소고: 경주 및 인근 지역에서 채취한 사금을 중심으로〉라는 박홍국 위덕대 박물관장의 논문에 잘 나와 있다.

해당 논문을 통해 박홍국 관장은 경주 남천을 비롯하여, 경주 월성 40km 이내 10곳에서 미량이지만 손수 사금을 채취한 결과를 학계에 보고한다. 또한 토사의 퇴적, 각종 공사에 따른 강폭 축소, 댐·저수지·보의 조성 등으로 사금 채취 환경이 크게 열악하게 된 지금도 금이 채취될 정도면 과거에는 이보다 사금 채취 환경이 100배는 더 좋았을 것이라고 주장했다.

이처럼 그 옛날 신라 영역에서는 무려 강에서 황금이 채취되고 있었던 것이다. 마치 골드러시(gold rush)라 하여 19세기 미국 캘리포니아에서 발견된 사금을 채취하기 위해 25만 명의 사람들이 서부로 이주한 것과 비슷한 모습이라고 상상하면 좋을 듯하다. 덕분에 신라에는 동시대 한반도의 어떤 국가보다 금을 많이 사용하는 문화가 만들어졌다.

반면 가야는 금이라는 금속이 지닌 권력성을 금관, 금동관, 금 세공품, 고리자루 큰칼 등을 통해 보여주었지만 그 양에서 신라를 결코 이길 수 없었다. 이는 영역 내에서 발굴되는 자원의 한계로 인해 생긴 문제일 수도 있고, 금을 채취하는 인적 시스템을 신라만큼 정비하지 못해서 생긴 문제일 수도 있다. 여하튼 이유는 정확히 알 수 없으나 결과적으로 신라보다 양에서 뒤진 것은 분명하지.

이렇듯 가야는 질에서는 백제에게, 양에서는 신라에게 뒤지고 있었으니, 안타깝게도 어느 한 분야에서도 최고 수준의 경쟁력을 갖추지 못했던 것이다. 아마 당시 가야인은 사신으로 백제를 방문하면 백제 왕과 귀족이 치장한 세밀하고 완벽하게 디자인된 금 세공품을 보며 놀랐을 것이고, 신라를 방문하면 자신들의 왕보다 더 많은 무게의 금으로 치장한 신라 왕과 귀족을 보며 놀랐을 것이다.

결국 백제와 신라 사이에서 특별한 경쟁력을 갖추지 못한 가야는 자연스럽게 서서히 무너지고 만다. 그런데 가야가 무너진 시기에 맞추어 때마침 한반도에는 새로운 문화의 물결이 들어오고 있었다. 바로 불교가 그것이다.

8

불교의 도입

석가모니

지금까지 금동반가사유상의 재료가 되는 청동과 금, 이 두 가지 흐름을 쭉 살펴보았다. 이렇듯 한반도 문화권에서는 청동과 금을 결합하는 기술이 갈수록 발전했으니. 기원전부터 금 세공품 문화가 있었던 부여, 고구려 등 북방을 시작으로 백제에 이어 5세기에는 신라, 가야에서도 최고 신분을 위한 위세품으로 금과 청동이 적극 활용되기에 이른다. 그렇다면 이렇게 축적된 기술을 바탕으로 불상을 만든다면 불상의 일종인 금동반가사유상 제작도 가능할 텐데.

이에 반가사유상을 이해하기 위하여 다음 코스로 삼국 시대 불상부터 우선 살펴보아야겠다. 다만 그 전에 잠시 전반적인 불교 역사를 정리하고 갈까? 마침 저기 보이는 의자에 잠시 앉아 휴식을 취하며.

인도에서 기원전 560년경부터 기원전 480년경까지 활동한 석가모니는 왕의 아들로 태어났으나 그 신분을 버리고 출가하여 35세에 깨달음을 얻는다. 그 후 제자들과 함께 여러 지역을 다니며 설법을 하다 80세에 열반에 든다. 그러나 그의 가르침은 이후에도 제자들에 의해 계속 이어졌으니, 그 결과 석가모니가 창시한 불교는 인도에서 중앙아시아를 거쳐 중국, 한반도, 일본으로 퍼져갔으며, 이외에도 인도차이나, 타이, 미얀마, 티베트, 몽골 등에서도 크게 번성한다. 이렇듯 여러 문명권이 믿는 세계 종교가 된 것이다. 그 결과 석가모니(釋迦牟尼)는 소위 '깨달은 자'를 뜻하는 부처로 불린다.

한편 이처럼 불교가 세계적 종교가 되는 과정에는 인도의 아소카왕(재위 기원전 268~기원전 232년)의 노력이 무척 컸다. 전설에 따르면 101명의 왕자 중 한 명이었던 그는 아버지가 죽은 후 왕위 쟁탈전에서 승리하며 무려 형제 99명을 죽인 잔혹한 인물이었다고 한다. 왕이 된 후에는 여러 인도의 국가를 정복하여 인도 최초의 통일 제국을 세웠다. 당연히 이 과정에서도 셀 수 없을 만큼 수많은 사람이 죽었다. 이렇듯 많은 이의 피를 통해 거대한 국가를 완성한 아소카왕이지만, 즉위 10년째에 불교 승려를 만나며 행동과 마음이 크게 변하게 된다.

불법에 귀의한 후 무력이 아닌 덕치주의로 나아가기로 한 아소카왕은 더 이상 다른 나라를 침략하지 않은 채 공공사업을 후원하고 병원, 양로원, 고아원을 세워 전쟁으로 피폐한 백성들을 돌보았으며, 더 나아가 동물 병원까지 세워 생명을 지닌 모든 것을 보호하고자 했다.

"육식을 버리고 살생을 삼가며 흰개미에서 앵무새까지, 돌고래에서 하마까지 모든 생명을 보전하라."

"종교들 사이의 소통은 선한 것이다. 다른 이들이 따르는 가르침에도 귀 기울이고 그것을 존중하라. 대왕께서는 모든 이가 다른 종교들의 선한 가르침을 잘 익히기를 바라신다."

아소카의 기둥

이를 위해 아소카왕은 왕국 곳곳에 칙령을 새긴 기둥을 세웠으니, 다양한 그의 정책과 더불어 불교 도덕률과 가르침을 담고 있다. 이런 노력 덕분에 지금도 아소카의 기둥에 새긴 글을 해석하여 당시 인도의 문화와 역사를 잘 이해할 수 있다 하는군. 역시

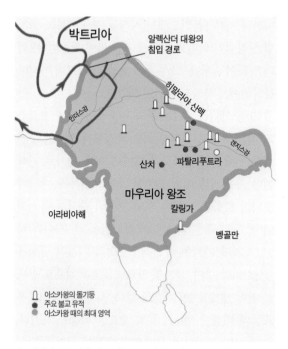

박트리아

알렉산더 대왕의
침입 경로

히말라야 산맥

인더스강

갠지스강

산치 ●
파탈리푸트라

마우리아 왕조

아라비아해

칼링가

벵골만

⚱ 아소카왕의 돌기둥
● 주요 불교 유적
● 아소카왕 때의 최대 영역

아소카왕의 마우리아 왕조. 인도를 통합한 국력으로 주변에 포교하면서
불교는 세계 종교로 확장된다.

나 문자로 기록을 남기는 것은 무척 중요한 일 같다.

또한 아소카왕은 기존 8탑에 보관하고 있던 석가
모니의 사리 중 7탑을 열어 안에 들어 있던 사리를
나누어, 전국 각지에 석가모니 사리를 넣은 불탑 8
만 4000개를 짓도록 명했다. 물론 8만 4000은 실제
숫자가 아니라 그만큼 많은 탑을 짓도록 했음을 의

미한다. 인도나 인도에서 시작된 불교에서는 이처럼 상징적인 의미로서 큰 숫자를 많이 활용한다. 이때 만들어진 탑은 '스투파(stūpa)'라 부르며 아시아 문화권에서 불탑의 기원이 되었다.

그뿐 아니라 아소카왕의 명으로 불경을 결집하고 이를 해외로 널리 알리는 과정에서 그동안 구전으로 전해오던 석가모니 말씀이 처음 문자로 기록된다. 우선 인도에서 1000여 명의 승려가 모여 석가모니의 말씀과 더불어 후대 고승의 주석까지 정리했다. 불경 내용 중 석가의 가르침을 경(經)이라 하고, 석가가 가르친 윤리적·도덕적인 실천 규범을 율(律)이라 하며, 석가의 가르침을 논리적으로 설명한 철학 체계를 논(論)이라 한다. 특히 불교는 타 종교들에 비해 논(論)이 무척 중요한 비중을 가지니, 오랜 시일을 지나며 수많은 고승들이 석가의 말씀을 풀이하여 논리적으로 해석과 주석을 단 것이 바로 그것이다. 그리고 경장(經藏)·율장(律藏)·논장(論藏)을 합쳐 총칭 삼장(三藏)이라 부른다. 이를 아소카왕이 보낸 사절단을 통해 받아들인 스리랑카에서 문자로 처음 기록하게 되니, 이때가 기원전 1세기였다.

이렇듯 아소카왕의 명으로 정리된 불교 가르침은 인도뿐만 아니라 주변의 여러 나라에 사절단을 보내어 전파되었으며, 왕이 직접 석가모니의 유적을 찾아 참배하고 그의 여러 왕자, 사위, 딸이 출가하여 승려가 되기도 했다. 이때 아소카왕이 불법을 알리기 위해 보낸 사절단은 인도뿐만 아니라 중앙아시아, 동남아시아, 페르시아, 이집트, 그리스, 로마에까지 이르렀다고 한다. 그런 만큼 이들 사절단은 불교의 가르침을 세계에 퍼뜨리는 임무를 지니고 있었다. 덕분에 불교 교리는 많은 지역에서 큰 영향을 줄 수 있었다.

이처럼 석가모니의 가르침은 그의 사후 200년 뒤 불교에 귀의한 아소카왕이 인도 통일 왕국의 역량을 다해 널리 알리면서 세계적인 영향력을 갖춘다. 그런데 흥미로운 것은 중앙아시아를 거쳐 중국으로 넘어오는 과정에서 새로운 불교 사상이 부각되기 시작했다는 점이다.

대승 불교

석가모니의 열반 후 500년 정도 지난 기원전 1세기경부터, 인도의 여러 지역에서 새로운 불교 사상 운동이 벌어지고 있었다. 시간이 지나며 불교의 모습이 보수적으로 변하고 불경에 대한 해석 역시 소수의 승려 교단에 의해 해석, 고정적인 형태를 보이자, 이를 탈피해야 한다는 주장이 그것이다. 이에 새로운 불교 사상을 펼치고자 한 이들은 중생을 제도하기 위하여 이전보다 더 적극적인 움직임을 보이고자 했다.

그렇게 수세기에 걸친 새로운 불교 사상의 전개 과정 중 본래 깨달아 부처가 되기 전 석가모니의 구도자 모습을 의미하던 '보살(菩薩)' 이라는 개념을 확장시켜 여러 해석을 추가했다. 예를 들어 1) 보살은 중생을 구제하기 위하여 부처가 될 수 있음에도 이를 잠시 미룬 성인이자, 2) 불성을 지니고 있다면 누구나 보살이 될 수 있다 등이 그것으로, 이는 곧 석가모니 이외에도 누구든지 보살이 될 수 있고 더 나아가 부처가 될 수 있다는 사상적 근거가 된다. 그 결과 미륵보살, 관세음보살, 문수보살, 보현보살, 지장보살, 대세지보살, 일광보살, 월광보살 등 수많은 보살이 등장하게 된다.

그뿐 아니라 인간을 포함한 일체 만물에 고정 불변하는 실체가 없다는 공(空) 사상이 더해지면서 새로운 불교 운동은 2~3세기를 지나며 점차 기존 불교 사상과 구별되는 사상적 구조를 만들었다. 이것이 바로 그 유명한 대승 불교(大乘佛敎)이다.

이렇게 서서히 구축되던 대승 불교에 좋은 기회가 생겼으니, 이는 지금의 인도 북부와 파키스탄, 아프가니스탄 일부를 지배하던 쿠샨 왕조에 의해서였다. 기원 전후부터 370년까지 존재하던 쿠샨 왕조는 이란계 민족이 세운 나라이자 인도-그리스 왕국을 계승한 국가이기도 했다. 마케도니아 알렉산더 대왕(Alexander the Great, 기원전 356~기원전 323년)의 동방 원정 때 인도 주변에 남은 그리스인들이 세웠던 나라를 바탕으로 구성된 국가였기 때문.

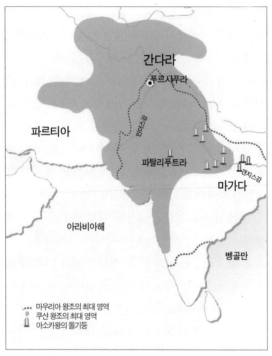

간다라

푸르샤푸라

파르티아

인더스강

파탈리푸트라

갠지스강

마가다

아라비아해

벵골만

····· 마우리아 왕조의 최대 영역
⬛ 쿠샨 왕조의 최대 영역
🏛 아소카왕의 돌기둥

카니슈카왕의 쿠샨 왕조. 비단길로 연결되는 길목을 장악한 만큼 중국으로 불교가 이동하는 계기가 마련된다.

이러한 쿠샨 왕조는 한때 조로아스터교를 믿다가 점차 불교를 받아들이게 된다. 특히 전성기였던 2세기의 왕 카니슈카(Kanishka)가 과거 아소카왕처럼 500명의 승려를 모아 불경을 정리하도록 하면서 불교가 그 꽃을 피우게 된다. 마침 자리를 잡아가던 대승 불교의 경전 역시 이때부터 정리되기에 이른다. 그 과정에서 쿠샨 왕조의 영향으로 이란과 그리스 문화가 불교 사상에 접목되었으니, 특히 주목할 부분은 불상의 조성이었다. '간다라 미술'이 바로 그것이다. 간다라는 인도의 서북부, 지금의 파키스탄 페샤와르 일대의 넓은 지역을 가리키는 지역명이므로, 해당 지역에서 등장한 미술을 의미한다고 하겠다.

간다라에서 불상이 만들어지기 전까지 석가모니에 대한 표현으로는 스투파라 불리는 불탑이 있었다. 석가모니의 사리를 보관하는 스투파는 그 자체만으로 석가모니를 상징하고 있었기 때문. 다만 그럼에도 불구하고 석가모니 그 자체는 가능한 한 묘사하지 않았으니, 감히 존귀한 분을 표현할 수 없다 하여 발자국이나 빈 대좌 등으로 표현했을 뿐이었다. 그러나 불교가 더 대중적인 종교가 되기 위해서는 사리를 보관하는 불탑을 넘어 석가모니의 모습을 재현한 불상이 갈수록 요구되고 있었다. 즉, 많은 사람들의 숭배 대상으로서 종교 조각이 필요했던 것.

반면 그리스 문화권에서는 오래전부터 신이나 위대한 왕을 조각으로 표현하는 문화가 있었기에, 인도 주변에 살던 그리스계 사람들은 석가모니를

조각으로 표현하는 데 고민과 주저함이 없었다. 그
결과 간다라 지역에서는 1세기 후반부터 불상이 만
들어지기 시작했으며, 쿠샨 왕조의 카니슈카왕 치
세 이후 오랜 기간 간다라 미술은 꽃을 피우게 된
다. 이로써 종교 조각으로서 불상이 적극 도입된 것
이다.

마침 쿠샨 왕조는 내륙 아시아를 횡단하는 비단
길에서 페르시아, 중국 연결점에 위치했기에, 불교
의 상징인 '불상 + 불경 + 불탑'은 해당 루트를 따라
승려들과 상인들에 의해 서서히 중국으로 들어오기
시작했다. 덕분에 중국 후한(後漢, 25~220년) 시대
에 이미 불교는 도교의 일종으로 인식되면서 퍼져
갔으며, 5호 16국을 거쳐 남북조 시대가 열리자 불
교의 깊은 사상까지 한문으로 적극 번역되어 전파
된다. 물론 이 당시 중국에 도입된 불교는 주로 대승
불교였다.

그리고 고구려는 372년, 백제는 384년, 신라는
527년에 각각 불교를 도입하면서 대승 불교는 삼국
시대를 대표하는 종교로 우뚝 서게 된다. 이때 고구
려, 백제는 중국으로부터, 신라는 고구려로부터 처
음 불교를 받아들였다.

불교 조각 전시에 대한 아쉬움

자. 우선 이 정도 불교 흐름을 이해한 상황에서 3층으로 이동하기로 하자. 국립중앙박물관 상설전시실 3층에 올라가면 한국의 불교 조각이 전시 중인 조각·공예관이 있거든. 이곳에서 불교문화가 도입된 삼국 시대의 모습을 살펴보고자 한다. 물론 금동으로 만든 부처 조각을 통해서 말이지.

신라 전시실을 벗어나자마자 만날 수 있는 에스컬레이터를 이용하여 3층으로 올라간다. 1, 2, 3층 점점 높아질수록 바로 옆에서 경천사 터 십층석탑 역시 아래에서 위로 점차 높아지는데, 아주 흥미롭다. 흥미로워. 에스컬레이터를 타며 유물을 함께 구경할 수 있으니까. 당연히 건축 설계 때부터 이와 같은 콘셉트로 배치 과정에 공을 들인 느낌이다. 그런 만큼 이 탑 역시 국립중앙박물관의 마스코트 중 하나라 할 수 있겠지만, 오늘은 고려 시대에 만들어진 경천사 터 십층석탑 이야기는 진행하기 어려울 듯하니, 다음 기회에.

경천사 터 십층석탑과 함께하는 짧은 여행이 끝나면 어느덧 3층이다. 3층에는 중국, 일본, 인도 등 해외 유물을 전시한 세계문화관과 더불어 한국의 불교 조각, 금속 공예, 고려청자, 조선백자를 전시한 조각·공예관이 있다. 아무래도 한국 박물관이 더욱 성장하려면 해외 유물 전시 공간을 발전시켜야 하는데…. 무엇보다 인도, 중국, 일본의 A급 문화재 수집이 잘 안 되어 있다. 앞으로 더욱 열심히 인도, 중국, 일본 유물을 수집하여 최소한 이곳에서만큼은 한반도를 중심으로 아시아 문화의 교류와 발전 등을 상세히 보여줄 수 있다면 좋겠군.

왜 이런 이야기를 갑자기 하냐면. 예를 들어 삼국 시대 불교 조각 이야기를 할 때 한반도에 영향을 준 인도, 중국 불교 조각을 직접 보면서 관찰할 기회가 있다면 얼마나 좋을까 하는 생각이 들어서 말이지. 반대로 만일 일본 불교 조각이 있다면 한반도에서 영향을 받은 모습을 관찰할 수 있겠다. 그리고 이러한 전시를 관람함으로써 누구든지 자연스럽게 한반

경천사 터 십층석탑. ©Park Jongmoo

도를 넘어 세계사 속 한반도 역사를 머리에 그릴 수 있을 것이다. 국립중앙박물관은 이런 부분이 여전히 매우 부족하거든.

오늘 주제를 바탕으로 더 깊이 살펴보자면, 국립중앙박물관 인도 전시실에 간다라 미술품이 여럿 전시되어 있으나 놀랍게도 부처 조각이 없다. 그러니까 깨진 부위로 머리나 몸통 또는 작은 조각에서 등장하는 부처 말고, 전체적인 디자인을 제대로 파악할 수 있는 큰 크기의 부처 조각이 없다는 사실. 큰 크기로는 오직 보살 조각만 3점 정도 있을 뿐이다.

보살이 물론 중요하긴 하나 아무리 그래도 불교 조각의 꽃은 부처인데, 완전한 형태의 A급 부처 조각이 한국을 대표하는 국립중앙박물관에 없다는 것은, 글쎄다. 솔직히 소더비스, 크리스티 등 메이저 경매에서 매년 출품되는 것이 간다라 미술 부처 조각이거든. 가격 역시 생각보다 비싸지 않음. 솔직히 국립중앙박물관이 한국을 대표하는 박물관인 만큼 최소한 간다라 미술 중 다양한 디자인의 부처 조각을 3~5점은 가지고 있어야 하지 않을까? 정말 최소한으로 말이지.

이는 중국 불교 조각도 마찬가지. 중국 전시실에서 6세기 한반도 불상 디자인에 직접적인 영향을 준

간다라의 석가모니 불상. 도쿄국립박물관. 완전한 형태의 간다라 불상이
단 한 점도 없는 국립중앙박물관은 좀 많이 안타깝다.

중국 남북조 시대 불교 조각을 거의 찾을 수가 없다. 당연히 7세기부터 통일신라까지 영향을 준 수나라, 당나라 불교 조각도 거의 찾을 수 없다. 오죽하면 일제 강점기 시절 이왕가 박물관(李王家博物館)이 수집한 작품 몇 개만 있을 뿐인데, 그나마 1~2개를 제외하면 중요 부분이 깨지거나 질이 그다지 높지 않아 설사 전시가 되어 있어도 불상 디자인을 제대로 파악하기 힘들다.

개인적인 생각으로 한국을 대표하는 국립중앙박물관이라면 고구려, 백제, 신라 등에 직접 영향을 준 남북조, 수나라, 당나라 불교 조각을 최소한 10개 정도는 갖추고 있어야 할 듯싶다. 이 역시 소더비스, 크리스티 경매에 꾸준히 등장하고 있으며 가격 역시 중국의 명, 청 시대 불교 조각에 비해 그리 비싸지 않다.

대충 살펴보면 이런 식이다. 그나마 국립중앙박물관이 용산으로 이전한 후 해외 유물을 열심히 채웠으나 부족하다면 부족한 것이 엄연한 사실. 이에 한반도 역사, 문화와 연결되어 해석할 수 있는 중요한 해외 유물들은 구입할 돈이 부족하다면 기증받는 방식을 통해서라도 반드시 메우길 바랄 뿐이다. 주제 때문에 오늘은 불교 조각만 이야기하지만 도자기, 회화, 장식 등등으로 연결하면 채워야 할 것이 정말 끝도 없다. 그럼에도 이런 부분이 충분히 채워져야 비로소 국립중앙박물관의 세계적 경쟁력이 생겨나고, 더 나아가 한반도에 국한된 범위를 넘어 더 넓은 세계관을 키워주는 교육 역시 가능할 것이다.

잔소리는 이 정도로 마감하고 이제 불교 조각실로 이동할까.

연가7년명 금동여래입상

불교 조각 전시실로 들어가면 과거 국보 금동반
가사유상을 전시하던 아담한 내부 공간을 만날 수
있는데, 지금은 반가사유상이 다른 곳으로 옮겨져서
대신 고려 시대 불상을 전시 중이다. 한때 불교 조각
전시실의 주인공이었던 반가사유상의 포스를 대신
하기란 쉽지 않아 보이지만, 어쨌든 아름다운 불상
은 많을 테니, 꾸준히 다양한 불상을 교체하며 보여
주길 바랄 뿐.

그 바로 옆 전시실에는 삼국 시대와 통일신라의
불상들이 여럿 전시되어 있다. 이 중 내가 주목해서
보려는 불상은 '연가7년명 금동여래입상'으로 높이
16.2cm 정도로 작지만 그 의미가 남다른 유물이라

하겠다. 제작된 시기가 정확히 남아 있는 완전한 형태의 한반도 불상 중 가장 오래된 것이기 때문. 또한 금동불상인 만큼 당연히 '청동 + 금' 의 조합이기도 하지.

연가(延嘉) 7년인 기미년(己未年)에 고려국 낙랑에 있는 동사(樂良東寺)의 주지이자 불법을 공경하는 제자 승려 연(演)을 비롯한 사제 40인이 현겁(賢劫)의 천불(千佛)을 만들어 세상에 유포하기로 하였는바, 제29번째의 인현의불(因現義佛)은 비구 법영(法穎)이 공양한 것이다.

연가7년명 금동여래입상 광배 뒷면

이처럼 불상의 광배 뒷면에는 글이 새겨져 있는데, 당시 한반도와 중국의 불교문화가 그러했다. 그나마 이 불상은 불법을 널리 알리려는 종교적 목표가 중요한 이유로 새겨져 있으나, 이 외 상당수의 경우 극락에 가고자 하는 개인적인 목표, 돌아가신 부모나 가족의 복이나 성공 기원 등을 새기곤 했던 것. 이는 인도의 불교가 세속의 삶을 끊고 수행하는 것에 더 큰 목적을 둔 반면, 동아시아에서는 길흉화복(吉凶禍福)이라는 세속적 욕망을 종교를 통해 해결하고자 하는 의지가 좀 더 강했기 때문이다. 지금도

연가7년명 금동여래입상. 왼쪽은 정면, 오른쪽은 글이 새겨져 있는 뒷면.
국립중앙박물관. ⓒPark Jongmoo

동아시아 종교는 불교, 기독교, 천주교 할 것 없이 세속적 욕망을 풀어주는 역할에 더 충실한 편이니, 이는 현실의 삶을 중요시하는 문화가 만들어낸 오랜 전통이라 하겠다.

하지만 이러한 기록 덕분에 글이 새겨진 불상은 남다른 가치가 부여되니, 당시 문화와 삶을 이해할 수 있기 때문. 이렇듯 문자를 통해 기록의 중요성을 다시금 확인해본다.

한편 이 불상에는 '연가(延嘉) 7년'이라는 연호가 보인다. 연호(年號)는 과거 군주가 나라를 지배할 때 군주의 치세 시점을 기준으로 해를 세도록 한 것에서 비롯되었다. 예를 들면 여전히 군주제가 남아 있는 일본의 경우 새 군주 즉위와 함께 2019년부터 레이와(令和)라는 연호를 사용하고 있으니, 2020년에는 레이와 2년이 되는 방식이다.

19세기 이후 기독교 문화를 기반으로 한 서양 문화가 세계를 휩쓸면서 예수 탄생 시점으로 해를 세는 연대 표시가 서구를 넘어 지구촌의 기준이 된 채 현재까지 활용 중이나, 그 이전에는 이처럼 다른 방식으로 해를 세는 기준이 있었다. 그런데 아시아에서 연호 개념을 처음 도입한 것은 중국으로, 통일 왕국인 한나라 시대부터 황제를 중심으로 지방의 제후까지 통일된 연호를 사용하도록 했다. 이는 황제가 시간과 공간을 지배한다는 사상이 바탕이 된 것이다.

마찬가지로 삼국 시대 고구려, 신라 등도 자국의 독자적 지배권을 강조하기 위해 연호를 사용했다. 광개토대왕은 즉위하면서 영락(永樂)이란 연호를 사용했으며, 신라 역시 법흥왕부터 진덕여왕까지만 하더라도 건원(建元, 536~550년), 개국(開國, 551~567년), 대창(大昌, 568~571년), 홍제(鴻濟, 572~584년), 건복(建福, 584~633년), 인평(仁平, 634~647년), 태화(太和, 647~650년)라는 독자적 연호를 사용했다. 다만 이때만 하더라도 동일한 왕이 통치함에도 연호가 여러 번 바뀌기도 하는 등 지금 눈으로 보면 매우 복잡한 모습이기는 하다. 1왕 1연호는 명나라 시대부터 비로소 정착되기 때문.

연가 7년이라는 연호

그렇다면 연가 7년은 어느 나라의 연호일까? 연호 옆에 보면 '고려국'이라 기록되어 있군. 즉, 고려의 연호였던 것. 다만 이때 고려는 왕건이 세운 고려가 아니라 고구려를 의미한다. 사실 잘 알려져 있지 않으나 장수왕 시대부터 국호를 고구려에서 고려라 바꿨기 때문. 그리고 불상이 제작된 장소는 낙랑 동사(樂良東寺)라 하여 평양의 동쪽 사찰이라 되어 있다. 즉, 불상이 제작될 당시에도 여전히 평양을 낙랑이라 부르기도 했음을 알 수 있다.

이처럼 고구려 평양에서 제작된 불상이라는 의미인데, 그럼 연가 7년은 정확히 언제일까? 연가 7년 바로 옆에 "기미년(己未年)"이라는 표기가 있으니 이를 바탕으로 따져봐야겠군. 육십갑자(六十甲子)에 따르면 60년을 주기로 동일한 간지를 만나게 되니, 이를 소위 환갑(還甲)이라 부른다. 이에 고구려에 불교가 도입된 소수림왕 시점부터 기미년에 해당하는 시기를 맞추어보면 419년, 479년, 539년, 599년 중 하나로 파악할 수 있겠다. 학계에서는 '연가7년명 금동여래입상'의 디자인을 534년까지 중국에 존속했던 북위의 불상 디자인과 비교하여 그 시기를 539년으로 파악한다. 즉, 고구려 안원왕 9년이라 하겠다.

자. 그러면 연가 1년에는 과연 무슨 일이 있었던 것일까? 왕이 즉위한 지 불과 3년 만에 새로운 연호를 발표할 정도라면 무언가 의미 있는 사건이 있었을 테다. 마침 《삼국사기》 고구려 본기를 살펴보니, 안원왕 3년 아들 평성(平成)을 태자로 세운 기록이 있군. 이는 곧 태자를 세운 김에 새로운 연호를 발표했던 것. 그만큼 당시 고구려 왕이 태자에게 가능한 한 힘을 크게 실어주고 싶었던 모양이다.

자. 여기까지 '연가7년명 금동여래입상'이 539년 평양에서 제작된 불상이자 그 시기가 안원왕 9년 시점이라는 것까지 알아냈다. 이제부터는 왜 이 불상을 조성했는지 알아보기로 하자.

현겁의 천불이란

광배 뒷면의 글을 다시 살펴봐야겠다.

　　낙랑에 있는 동사(樂良東寺)의 주지이자 불법을
공경하는 제자 승려 연(演)을 비롯한 사제 40인이
현겁(賢劫)의 천불(千佛)을 만들어 세상에 유포하
기로 하였는바

연가7년명 금동여래입상 광배 뒷면

　　바로 이 부분에 불상을 조성한 목적이 나오는군.
낙랑 동사의 주지를 비롯해 승려 40인이 불상을 만
들어 세상에 유포하기로 했던 것. 그런데 '유포(流
布)'에는 세상에 널리 퍼뜨림이라는 의미가 있기에,

불상을 만든 후 이를 널리 세상에 퍼뜨리려고 했음을 뜻한다.

실제로 539년 평양에서 제작된 '연가7년명 금동여래입상'은 1963년, 경상남도 의령군 대의면 하촌리의 마을 밖 도로 공사 중 발견된 돌 더미 석실 속에서 등장했다. 당시 이 불상을 발견한 사람은 도로 공사에 나온 강갑순과 그녀의 큰아들 전병철이라 한다. 한편 시어머니를 모시며 5남매를 어렵게 키우던 강갑순은 불상을 발견하여 국가로부터 보상금을 받아 집안의 빚을 모두 갚았다고 전해진다. 고구려에서 제작된 작은 불상이 시간이 흐르고 흘러 1400년 뒤 한 가족에게 큰 도움을 준 것이다.

그런데 의령은 대가야의 고령과도 가까우며 한때 이 지역에 영향력을 미치던 대가야는 562년 신라에 의해 멸망하니, 불상이 만들어진 지 불과 20여 년 후의 일이었다. 무엇보다 출토지가 절터가 아니었기에 어떤 구체적 과정을 통해 고구려 불상이 의령까지 왔는지는 정확히 알 수 없네. 즉, 불상의 의령 도착 시점이 대가야 때인지 신라 때인지도 알 수 없다는 의미.

다만 불상을 유포하려던 고구려 승려들의 남다른 다짐을 볼 때, 제작된 불상을 여러 지역으로 보내는 과정에서 경상남도 의령에 도착한 것은 분명해

보인다. 이에 다시 한 번 문장을 살펴보니,

현겁(賢劫)의 천불(千佛)을 만들어 세상에 유포
하기로 하였는바, 제29번째의 인현의불(因現義佛)
은

연가7년명 금동여래입상 광배 뒷면

이라는 표현이 흥미롭다.

그렇다. 당시 고구려 승려들은 무려 1000개의 불
상을 만들어 세상에 유포하기로 했고, 이 중 29번째
불상이 '연가7년명 금동여래입상'이었던 것. 그리
고 불상의 진짜 이름은 다름 아닌 '인현의불(因現義
佛)'이었다. 이렇듯 이야기를 따라가보니, 나머지
999개의 불상 중 일부도 한반도 어딘가에 여전히 존
재할지 모르겠군. 갑자기 소름이 돋는데? 고구려에
서 만든 형제 불상이 가까운 미래에 갑자기 등장할
지도 모르니 기대해보자.

다만 해석을 하다보니 궁금증이 하나 더 생긴다.
"현겁(賢劫)의 천불(千佛)"이라는 표현에서 현겁은
과연 무엇이며, 또한 왜 십불(十佛)이나 백불(百佛)
이 아니라 무려 천불이 언급된 것일까?

여러 불경에 따라 세세한 내용이 조금씩 다르지
만 어쨌든 불교 세계관에 따르면, 겁(劫)이란 천지가

개벽한 때로부터 다음 개벽할 동안이란 의미를 지니고 있다. 즉, 일종의 시간 단위다. 그리고 현겁(賢劫)이란 현재의 겁을 의미한다. 다만 한자는 현재를 의미하는 現(현)이 아니라 발음이 같은 어질 賢(현)을 쓴다. 이는 곧 논리적으로 볼 때 과거, 미래에도 겁이 있다는 의미로 이어지니, 실제로 장엄겁(莊嚴劫)—현겁(賢劫)—성수겁(星宿劫)으로 구분된다. 즉, 과거는 장엄겁, 현재는 현겁, 미래는 성수겁이라 하겠다.

이 중 현겁은 당연히 현재 우리가 사는 시기로, 이 시기 동안만 총 1000명의 부처가 출현한다고 전해지고 있다. 그리고 한 부처에 이어 다음 부처가 등장하기까지의 텀도 무척 길어서, 우리가 일반적으로 미래의 부처로 인식하고 있는 미륵불 역시 현겁 중에 등장하는 부처다. 즉, 미래 성수겁의 부처가 아니라는 의미. 불교 세계관이 상상 이상으로 너무 넓다고? 사실 이건 시작도 아니다.

현겁에만 지금까지 구류손불(拘留孫佛)→구나함모니불(拘那含牟尼佛)→가섭불(迦葉佛)→석가모니불(釋迦牟尼佛), 이렇게 네 분의 부처가 이미 등장했으며 그다음 차례가 다름 아닌 미륵불(彌勒佛)이니까. 즉, 우리가 일반적으로 부처라 인식하고 있는 2500년 전에 활동한 석가모니는 현겁의 4번째 부처

임을 뜻한다. 그리고 미륵불이 석가모니에 이어 현
겁의 5번째 부처가 된 뒤에도 995명의 부처가 더 등
장해야 1000분의 부처, 즉 천불이 채워지며 현겁이
마무리된다. 하나의 겁 길이는 이처럼 무한에 가까
울 정도로 길고도 길다.

이는 곧 '연가7년명 금동여래입상', 즉 29번째 인
현의불(因現義佛)은 석가모니와 미륵불 사이의 기
간이 20번 이상은 더 반복되어야 등장하는 부처임
을 알 수 있다. 무엇보다 석가모니가 열반한 후 지금
까지도 궁예처럼 자신이 미륵이라 주장한 이만 여
럿 있었을 뿐 여전히 미륵불이 등장하지 않았기
에…

음. 설사 오늘 당장 5번째 부처인 미륵불이 등장
한다 하더라도, 석가모니 시기로부터 2500년이 지난
시점이다. 그러므로 이 2500년에 단순히 곱하기
24(29번째-5번째)를 해봐도, 대략 6만 년 뒤에나
'인현의불'을 만날 수 있다는 의미로군. 흥미로운
점은 불경에 의하면 미륵불 등장 시기가 석가모니
열반 후 56억 7000만 년 지난 후라는 상징적 숫자로
표현되어 있기에, 실제로 인현의불을 만날 수 있는
시기는 6만 년 뒤가 아닌 56억 년 곱하기 24로 정말
상상 이상의 까마득한 미래라 하겠다.

이처럼 석가모니 열반 후 오랜 시간이 흐르자 과

거, 현재, 미래에도 석가모니와 같은 부처가 있을 것이라는 믿음을 통해 과거불, 미래불이라는 신앙이 등장하더니, 이것이 더 나아가 과거겁, 현겁, 미래겁이라는 무한한 시간 속에서 각각 1000명의 부처가 등장하는 세계관으로 확대되기에 이른다. 이에 삼겁을 합치면 무려 삼천불이 등장하게 되니, 사실상 무한에 가까운 시기 동안 그 시대를 대표하는 부처를 만날 수 있으며 이는 곧 불법(佛法)의 영원함을 상징하는 이야기라 하겠다.

그렇게 보니 '연가7년명 금동여래입상'이 제작된 뒤 1500여 년이 지나 국립중앙박물관에서 만나는 지금의 나 역시 불교의 세계관 안에서는 아주 잠시, 즉 찰나의 흐름 속에 부처를 만난 것일지 모르겠군.

제29번째의 인현의불(因現義佛)은 비구 법영(法 潁)이 공양한 것이다.

연가7년명 금동여래입상 광배 뒷면

이렇듯 넓고도 깊은 불교 세계관을 이해하고 나니까 1500여 년 전 불상을 만든 고구려 법영 스님을 방금 전에 만난 느낌마저 든다. 불상을 만든 법영 스님 역시 해당 불상이 불법의 영원함처럼 오랜 기간 존속하길 바랐을 것이다.

불상의 전달

작은 크기의 금동불상은 연가7년명의 고구려 불상의 예를 볼 때 쉽게 이동이 가능했다. 그리고 이런 작은 불상을 바탕으로 확대하여 큰 불상 조각이 만들어지기도 했으니, 관련 기록을 한번 살펴볼까?

신라 제24대 진흥왕 즉위 14년(553) 2월에 용궁(龍宮) 남쪽에 장차 대궐을 지으려 하는데 황룡이 나타나므로 고쳐 절을 지었다. 이름을 황룡사(黃龍寺)라 하고 569년에 이르러 담을 쌓아 17년 만에 완성하였다. 그 얼마 후에 바다 남쪽에 커다란 배가 하곡현(河曲縣) 사포(絲浦, 지금의 포항)에 정박하였다. 배를 검사하니 글이 발견되었는데, 이렇게 적혀 있었다.

　"서축(西竺)의 아육왕(阿育王)이 황철(黃鐵) 5
만 7000근과 황금 3만 푼을 모아 장차 석가의 존상
셋을 부어 만들려고 하다가 이루지 못해서 배에 실
어 바다에 띄우면서 빌기를, 부디 인연 있는 땅으로
가서 장육존상을 이루어주기 바란다." 그리고 부처
하나와 보살상 두 개의 모형도 함께 실려 있었다.

　현의 관리가 문서를 보고하니, 왕은 사자를 보내
어 그 고을의 성 동쪽의 높고 깨끗한 곳을 골라 동
축사(東竺寺)를 세우고 세 불상을 편안히 모시도록
하였다. 그리고 그 금과 쇠는 서울로 보내서 진흥
왕 35년(574) 3월에 장육존상을 부어 만들었는데
공사는 빠르게 이루어졌으며, 그 무게는 3만 5007
근으로 황금 1만 109푼이 들어갔고, 두 보살에는 철
1만 2000근과 황금 1만 136푼이 들어갔다. 황룡사
에 안치하였다.

《삼국유사》 황룡사 장육(皇龍寺丈六)

　지금은 사라진 경주의 전설적인 사찰, 황룡사에
는 전성기 시절 황룡사 장육이라 불리는 큰 크기의
금동불상이 존재했었다. 불상은 이미 사라진 지 오
래지만 그럼에도 불구하고 한때 청동 대좌를 움직
이지 않도록 꽂았던 거대한 받침돌이 황룡사지에

여전히 남아 있기에 해당 부처의 크기를 충분히 상상해볼 수 있다. 부처의 대좌는 160cm이고 부처 옆에 위치하는 협시보살의 대좌는 90cm인 만큼, 이를 바탕으로 부처의 크기는 약 5m로 추정한다. 즉, 5m 크기의 금동부처와 더불어 부처의 양옆으로는 3m 크기의 두 금동보살이 함께하고 있었던 것. 이처럼 부처 하나와 두 보살이 함께 있는 조각을 삼존불이라 부른다.

그런데 이런 큰 부처를 만드는 과정에서 울산에 도착한 "부처 하나와 보살상 두 개의 모형"이 모델이 되었다고 《삼국유사》에 써 있군. 이는 서축(西竺)의 아육왕(阿育王)이 "황철(黃鐵, 청동) 5만 7000근과 황금 3만 푼"과 함께 보내온 것이라 한다. 그렇다면 서축의 아육왕은 도대체 누구이기에 이런 선물을 신라에 보낸 것일까?

사실 서축은 인도를 뜻하고 아육왕은 앞서 언급한 아소카왕을 의미한다. 인도를 통일한 국력을 바탕으로 불교를 널리 알린 아소카왕은 어느덧 동아시아 국가들에게 위대한 불국토를 세운 전설적인 왕으로서 인식되고 있었다. 그랬기에 신라에서는 아소카왕이 보냈다는 불상을 동축사(東竺寺)라는 사찰을 세워 모셨다. 이는 곧 서축이 인도라면 동축은 신라라는 의미를 지닌다. 사실 아소카왕(재위 기

황룡사 역사문화관 전시실에 복원해놓은 장육존불의 얼굴. ⓒPark Jongmoo

원전 273~기원전 232년)과 진흥왕(재위 540~576년) 사이에는 800년이라는 시간 격차가 존재하는 만큼, 이런 일화는 불교를 적극적으로 받아들여 사찰을 만들고자 했던 신라 왕의 의지를 멋지게 포장한 이야기라 할 수 있다.

그런데 이와 연결될 만한 놀라운 유물이 하나 존재한다는 사실. 부산 동아대학교박물관은 489년에 제작된 '태화13년명 석불상(大和十三年銘石佛像)'을 소장하고 있는데, 이 불상은 다름 아닌 울산에서 출토되었다. 그렇다. 마치 《삼국유사》 황룡사 장육 전설에서 아소카왕이 보낸 불상 이야기처럼 말이지. 잔존 높이는 39cm로 아쉽게도 윗부분이 대부분 깨지고 아랫부분만 남아 있기에 정확히 어떤 부처가 조각되었는지는 알 수 없으나, 중국의 비슷한 예시를 볼 때 삼존불 형식으로 추정된다. 다만 이 불상은 북위, 그러니까 중국에서 제작된 것으로 고구려를 통해 신라가 전달 받았던 불상이다.

이처럼 당시 울산은 항구 도시로서 신라 경주로 들어오는 관문 역할을 하고 있었기에, 불교와 관련한 물건 역시 이처럼 울산을 통해 들어오기도 했던 것. 이런 상황을 《삼국유사》의 '황룡사 장육 전설'과 '태화13년명 석불상'이 잘 전해주고 있네.

이 외에도 중국에서 넘어온 불상이 한반도에 몇

태화13년명 석불상(大和十三年銘石佛像). ⓒPark Jongmoo

몇 더 존재하지만, 이 중 대표적인 하나를 더 소개하
자면 국립대구박물관에서 전시 중인 금동관세음보
살상이 있겠다. 국립대구박물관에서는 신라 작품이
라 하여 하나의 금동부처상과 두 개의 금동보살상
이 전시 중으로, 40cm의 금동부처상은 국보 182호,
33~34cm의 금동보살상은 각각 국보 183, 184호로

지정되어 있었다. 나름 국립대구박물관을 대표하는 국보 3점이니, 방문하면 반드시 만나보면 좋겠다. 지금은 국보에 부여했던 번호가 사라졌지만, 구별을 위하여 국보 번호를 잠시 인용하도록 하자.

3점의 금동불상은 1976년 3월, 지금의 구미시인 경북 선산군 고아면에서 공사를 하던 인부들에 의해 발견되었으나, 이보다 앞선 1900년대 초에 그 모습을 먼저 드러낸 적이 있었다. 당시 산 정상에 나무를 하러 온 70대의 마을 주민이 금동불상 3점을 우연히 발견하여 집으로 가져가 보관했던 것. 하지만 불상을 가져온 후 갑자기 병이 생기자 부인이 무당을 불렀는데, 무당이 새 물건이 집에 들어와 탈이 났으니 그 물건을 버려야 병이 완쾌된다고 말하는 것이다. 이에 부인은 3점의 불상을 몰래 뒷동산에 매장했으니.

그 뒤로 소문을 들은 마을 사람들이 귀한 불상을 찾는다고 산을 뒤지며 노력했지만, 그 장소를 알리지 않은 채 부부가 죽었기에 점차 과거의 일로 잊히고 말았다. 그러던 중 공사를 하다 수십 년 만에 3점의 불상을 매장한 장소가 발견된다. 한편으로 가만생각해보면 다행인 것이, 만일 일제 강점기였던 1900년대 초에 3점의 불상이 존재함이 널리 알려졌다면 일본으로 옮겨졌을지도 모르니까. 휴. 당연히

국보 182호로 불리던 구미 선산읍 금동여래입상.

무당이 이런 미래까지 본 것은 아니겠지만 참으로
다행이라 여겨지는걸.

한편 이 3점의 불상은 마치 삼존불처럼 발견되었
으나 사실 국보 182호 금동부처상은 8세기 초 통일

신라 시대에 제작된 것이고, 나머지 국보 183, 184호
는 7세기에 제작된 것으로서 서로 만들어진 시기부
터 다르다. 이를 후대에 묶어서 마치 삼존불처럼 모
셔둔 것이다.

그런데 이 중 국보 184호로 불리던 금동관세음보
살상의 경우 6세기 말~7세기 초의 수나라, 당나라
시대 중국 불상과 너무나 닮아 있어 이전부터 학계
에서 신라 불상이 아니라 중국 불상이라는 주장이
있었다. 나 역시 여러 번 직접 만나보았지만 한반도
불상으로 보이지 않더군. 이와 거의 유사한 디자인
의 관세음보살상이 마침 일본에도 존재하는데, 도쿄
국립박물관의 나무로 조각한 관세음보살상이 그것
이다. 일본의 것은 한때 나라(奈良)에 있는 호류지
(法隆寺, 법륭사)가 소장했던 것을 근대에 도쿄국립
박물관에 기증한 것으로, 이 역시 일본에 가서 개인
적으로 몇 번 본 적이 있다. 국내에서도 통일신라 조
각 전시 때 도쿄국립박물관이 빌려주어 출품된 적
이 있고 말이지. 다만 일본에서는 해당 조각에 대해
당나라 불상이라 설명하고 있더군.

결국 국보 184호로 불리던 금동관세음보살상 역
시 신라의 것이 아니라 일본의 예처럼 중국 수나라,
당나라로부터 전달받은 불상일 가능성이 높아 보인
다. 그리고 국보 184호로 불리던 불상은 신라 사찰

(왼쪽) 국보 18호로 불리던 금동관세음보살상. (오른쪽) 도쿄국립박물관의 나무로 조각한 관세음보살상.

에 모셔진 채 한반도의 여러 불상을 만드는 데 모델이 되기도 했으니, 국보 183호로 불리던 금동관세음보살상의 경우 수나라, 당나라 불상 디자인을 차용하면서도 한반도 불상 특유의 묘사인 구체적 장식을 일부 생략하며 느껴지는 담백한 맛이 일품이다. 그렇다면 국보 183호는 국보 184호보다 조금 뒤에 만들어진 작품이 아니었을까?

이렇듯 중국 또는 고구려에서 제작된 금동불상은 신라 등 다른 국가로 전해져 불상 디자인의 기준이 되기도 했으며, 당연히 신앙을 위한 숭배 대상으로 모셔지기도 했다. 이러한 모습을 어느 정도 살펴보았으니, 이제 한반도 최고의 불교 조각으로 꼽히는 국보 금동반가사유상이 어떤 과정을 통해 지금의 디자인으로 구성되었는지 알아보기로 하자.

슬슬 청동과 금의 결합에 의한 일반적인 형태의 불상 제작을 넘어 높은 난이도를 지니고 있는 반가사유상 제작까지 살펴볼 때가 된 듯싶으니까. 사실 가만히 서 있는 불상에 비해 다리를 꼬고 앉아 팔 하나를 들어 얼굴의 볼에 손가락을 대고 있는 모습은 무척 복잡한 디자인이다. 균형을 잡기도 쉽지 않고 말이지. 이처럼 제작하기에 무척 난이도가 높은 디자인이기도 한 만큼 반가사유상을 조각한 데에는 분명 남다른 불교 사상 역시 존재했을 것이다.

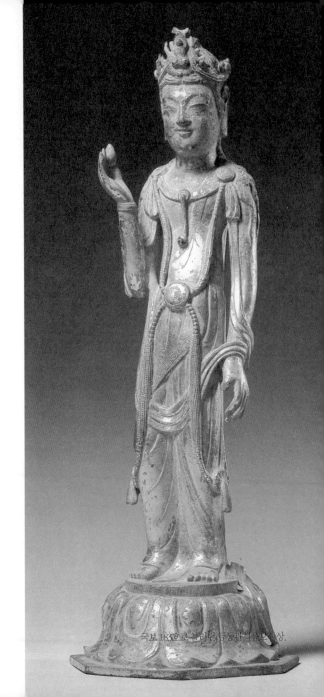

국보 183호로 불리던 금동관세음보살상.

9

미륵 사상

간다라 미술 속 보살

자, 불교 조각 전시실을 나와 인도·동남아시아 전시실로 이동한다. 이곳에 다름 아닌 간다라 미술이 전시 중이거든. 간다라 미술의 역사에 대해서는 앞서 불교 역사를 설명할 때 이야기했으니 넘어가기로 하고, 지금은 불상의 구체적 디자인을 살펴보기로 하자.

잠깐. 인도·동남아시아 전시실로 들어가기 전에 한 가지 기억할 점. '부처 = 석가모니'이지만 '부처가 되기 전, 즉 깨닫기 전 석가모니 = 보살'이다. 즉, 진리를 깨닫기 전 석가모니는 보살, 깨달은 석가모니는 부처라는 의미. 이를 간다라 미술의 경우 머리카락 묘사를 통해 살펴볼 수 있는데, 부처의 경우

간다라의 석가모니 불상. 인도 뉴델리 국립박물관.

육계라 하여 정수리가 솟은 듯 표현을 하지만 보살의 경우 터번을 쓰거나 머리카락을 묶은 모습으로 표현을 하니까. 또한 부처의 경우 담백한 승복(僧服)을 입고 있지만 보살은 화려한 장신구를 착용하고 있다.

전시실에 들어가보니 다양한 간다라 미술품이 있는데, 석가모니의 일대기를 표현한 작은 조각들, 부처와 보살의 머리 조각 등이 그것이다. 다만 앞서 이야기했듯 대한민국 박물관을 대표하는 인도 전시실임에도 완전한 형태의 큰 조각 부처상이 없어 한편으로 의아함을 준다. 그 대신 큰 조각으로는 보살상 3점이 있으니, 이 중 2점의 보살상을 바탕으로 부족하지만 간다라 미술 속 보살을 이야기해야겠네.

음. 아무래도 키가 큰 귀공자 스타일의 보살상이 가장 먼저 눈에 띄는군. 주목 받는 장소에 위치한 데다가 크기나 모습이 마치 살아 있는 사람 같은걸.

대승 불교에 따르면 보살은 깨달음을 얻는 과정에 있거나 또는 이미 깨달음을 얻고 부처가 될 수 있음에도 다른 목적으로 여전히 보살에 머물고 있는 이를 뜻한다. 그러나 대승 불교 전만 하더라도 보살은 석가모니의 깨닫기 이전 모습을 의미했기에 그 영향이 조각에도 여실히 표현되고 있다. 세속인 중에서 가장 고귀한 신분의 모습으로 보살을 표현한

간다라의 보살상. 국립중앙박물관.

것이 바로 그것. 마치 석가모니의 왕자 시절처럼 말이지. 실제 간다라 보살상을 보면 목걸이, 팔찌 등 많은 장신구를 하고 있으며 머리는 단정하고 얼굴은 귀티가 나니, 당시 인도 지역의 왕자나 귀족 신분의 모습이 이랬을 것이다.

다만 간다라 미술이 한창 전성기를 달리던 시기, 즉 1~3세기만 하더라도 보살상의 도상(圖像, 종교나 신화적 주제를 표현한 미술 작품에 나타난 인물 또는 형상)이 뚜렷이 구별되도록 정립되지 않았던 모양이다. 즉, 귀공자 스타일의 조각만으로는 해당 보살이 구체적으로 누구를 의미하는지 알 수 없다는 의미. 예를 들면 대승 불교에서는 석가모니가 깨닫기 전 모습을 보살로 묘사하는데, 이 외로도 미륵보살 · 관세음보살 · 문수보살 · 보현보살 · 지장보살 · 대세지보살 · 일광보살 · 월광보살 등 수많은 보살이 등장한다. 하지만 도상의 구별점이 약하기에 간다라 미술에 등장하는 보살 조각을 보며 어떤 보살을 묘사한 것인지 파악하는 것은 결코 쉬운 일이 아니다.

이처럼 1~3세기 간다라 미술에서 보살 도상이 뚜렷하게 구별하여 정립되지 않은 상황임에도, 유일하게 일관성 있는 도상을 보여주는 것이 다름 아닌 미륵보살이다. 조각된 숫자도 석가모니 다음으로 많

간다라의 석미륵상. 인도 뉴델리 국립박물관.

고 말이지. 간다라 미술에서 묘사한 미륵보살은 세속인 중 가장 고귀한 신분의 모습을 하고 있으나 터번이라 불리는 모자를 쓰지 않고 머리를 양쪽으로 묶거나 상투를 튼 모습으로 표현하되, 손에는 반드시 물병 하나를 들고 있다. 이 물병이 바로 간다라 미술에서 미륵보살을 다른 보살과 달리 쉽게 구별할 수 있는 중요한 장치라 하겠다.

마침 이곳 전시실에서도 간다라 미륵보살이 있군. 멋진 콧수염을 지니고 있는 전신상인데, 안타깝게도 손 부분이 깨져 물병을 확인할 수는 없지만 전체적인 디자인은 미륵보살의 그 형태다. 이처럼 미륵보살은 부처를 제외하면 가장 이른 시점부터 개별적 도상이 정립될 만큼 매우 중요하게 여겨졌다. 그다음으로는 간다라 미술에서 주로 손에 연꽃을 들고 있는 관세음보살 도상이 있지만, 석가모니의 보살 시절 조각과 구별되지 않은 경우도 많아 미륵보살에 비해 도상이 정립된 느낌은 아니다.

그렇다면 불교 세계관에서 미륵보살이란 도대체 어떤 존재이기에 도상까지 석가모니 다음으로 빠르게 정립된 것일까?

간다라의 미륵보살상. 국립중앙박물관.

미륵과 보살

　석가모니가 깨달음을 얻고 부처가 된 후 인도 사람들은 그가 단순히 6년간 수행 끝에 부처가 된 것이 아니라 전생 때부터 좋은 업을 계속 쌓아왔기에 이번 생에서 깨달음을 얻었다고 여기게 된다. 즉, 왕자 신분을 버리고 29세에 출가하여 35세에 깨달음을 얻은 석가모니는 현생을 넘어 과거 전생 때부터 이미 충분한 수련이 이루어졌다는 주장이 그것이다.

　그래서 기원전 4~기원전 3세기경부터 인도에서는 자타카(jātaka)라 하여 석가모니의 전생 이야기가 크게 유행했다. 석가모니가 왕자로 태어나기 전, 천인(天人)·국왕·대신(大臣)·서민·도둑·코끼리·원숭이·공작·물고기 등 여러 인생으로 거쳐 온 수많은 전생들, 그리고 그때마다 수행한 일과 공덕에 대한 인연을 이야기로 구성한 것이다. 우리에게 용궁으로 간 토끼로 매우 익숙한《별주부전(鼈主簿傳)》이 다름 아닌 자타가의 석가모니 전생 일화를 바탕으로 살을 붙여 만든 이야기이니, 이런 방식으로 종교 색을 뺀 채 세계 곳곳으로 퍼져나가기도 했다. 어느 정도냐면 그리스의《이솝 이야기》나 페르시아의《아라비안나이트》, 독일의《그림 동화》등에도 자타카가 영향을 미쳤을 정도.

그런데 자타카는 전생 시절의 석가모니에 대해 아직 부처가 되지 못한 존재로서 '보살(菩薩)'이라 불렀으니, 이것이 바로 보살이라는 표현이 세상에 널리 퍼지도록 만든 중요한 계기가 된다. 석가모니 전생 이야기가 인기리에 퍼져가면 갈수록 많은 사람들이 자연스럽게 보살이라는 표현과 개념에 익숙해졌으니까.

그러다 기원전 1세기경부터 대승 불교의 씨앗이 만들어지더니, 기원후 2~3세기를 거치며 독자적 불교 사상으로 정립되면서 보살의 의미는 더욱 큰 중요성을 지니게 된다. 그리하여 초기 불경에는 존재하지 않던 관세음보살·문수보살·보현보살·지장보살·대세지보살·일광보살·월광보살 등 무수한 보살이 점차 등장했다. 이는 갈수록 석가모니를 마치 신(神)과 비슷한 존재로 모시면서 부처를 대신하여 인간과 연결하는 중간자 존재로서 보살이 필요했기 때문.

개인적으로는 실존했던 석가모니의 주요 제자 및 후대 고승이 지닌 이미지에 브라만교 또는 조로아스터교에 존재하던 여러 신의 성격을 넣어 새로운 신격(神格) 인격체인 보살이 구성된 것으로 보고 있다. 그럼에도 불구하고 기본적으로 불교는 무신론(無神論) 종교이기에 부처, 보살 모두 '나'라는 존재가 진리를 구하고자 할 때 그 과정을 도와주는 존재일 뿐, 기독교의 절대자 같은 신은 아니다. 이것이 불교가 지닌 매력이기도 하지.

다만 이렇듯 보살이 대승 불교와 함께 등장하는 과정과는 별도로 그 이전부터 존재하던 보살이 있었으니, 미륵보살이 바로 그 주인공이다. 다른 보살들과 달리 미륵보살은 이미 초기 불경에서도 언급될 정도로 오랜 연원을 지니고 있으니까.

미륵보살은 30겁(劫)을 지나서야 비로소 불(佛)·지진(至眞)·등정각(等正覺)이 될 것이니, 나는 정진하는 힘과 용맹(勇猛)한 마음으로서 미륵보살을 뒤에 있게 했기 때문이다.

여기서 불(佛) · 지진(至眞) · 등정각(等正覺)은 모두 깨달은 자, 부처를 의미한다. 이는 곧 석가모니 다음의 부처로서 미륵이 등장함을 이야기하고 있다.

그때 미륵보살은 도솔천에서 나이가 너무 많지도 적지도 않은 그 부모가 될 이들을 관찰하고 곧 강신하여 아래로 내려오고 오른쪽 옆구리에서 태어날 것이다. 지금의 내가 오른쪽 옆구리에서 태어났던 것과 조금도 다름없이 미륵보살도 그럴 것이다.

《증일아함경》제44권 십불선품(十不善品)

오른쪽 옆구리에서 태어나는 미륵은 석가모니와 동일한 신화를 지니고 있음을 보여준다. 즉, 석가모니의 삶이 미륵에 의해 다시금 재현됨을 의미한다.

그때 미륵부처님은 그 사람들이 발심해 기뻐하는 것을 보고 모든 불세존께서 항상 말씀하시는 법, 즉 괴로움과 괴로움의 발생과 괴로움의 소멸과 괴로움의 소멸에 이르는 길을 그 하늘 사람들을 위하

여 널리 해설하실 것이다. 그래서 그 자리에 있던 8
만 4000 천자들은 온갖 번뇌가 없어지고 법안이 깨
끗해질 것이다.

《증일아함경》 제44권 십불선품

미륵보살이 부처가 된 순간을 이야기하고 있다.
부처가 되어 미륵불이 된 그가 설법을 하자 가장 먼
저 그 자리에 있던 8만 4000의 천자, 즉 천계(天界)
에 사는 신(神)들부터 깨달음을 얻는다.

그때 미륵부처님은 오른손을 펴서 가섭을 가리
키며 여러 사람들에게 이렇게 말할 것이다.
"이 사람은 먼 옛날 석가 부처님의 제자로서 그
이름은 가섭이다. 지금 현재에도 두타의 고행을 실
천함에 있어 그가 제일이니라."
그때 사람들은 그것을 보고 처음 보는 일이라고
찬탄할 것이다. 그리고 그 수없는 백천(百千) 중생
들은 온갖 번뇌가 없어지고 법안(法眼)이 깨끗해질
것이요, 또 어떤 중생은 가섭의 몸을 자세히 볼 것이
다. 이것이 최초의 모임으로서 96억 인민들이 모
두 아라한이 될 것이다.

《증일아함경》 제44권 십불선품

미륵이 사람들 앞에서 첫 법회를 할 때 부처의 제자인 가섭이 등장하여 미륵불을 만난다. 가섭은 석가모니의 10대 제자 중 한 명이자 석가모니 열반 후 그의 제자들을 이끄는 영도자가 된 인물이다. 그런 그가 오랜 기다림 끝에 미륵불을 만나러 온다는 뜻은 석가모니의 법통이 가섭을 거쳐 미륵불에게 전해짐을 의미한다. 그리고 미륵의 첫 법회로 96억 사람들이 깨달음을 얻는다.

미륵부처님의 두 번째 모임에는 94억의 사람이 모이는데 그들은 모두 아라한이다. 그들 역시 내가 남긴 가르침의 제자로서 네 가지 공양을 행했기 때문에 그렇게 된 것이니라. 또 미륵부처님의 세 번째 모임에는 92억의 사람이 모이는데, 그들도 다 아라한으로서 역시 내가 남긴 가르침의 제자이니라.

《증일아함경》 제44권 십불선품

미륵의 두 번째와 세 번째 법회에서는 각각 94억과 92억 사람들이 깨달음을 얻으니, 석가모니는 미륵의 가르침으로 깨달은 이들 역시 나의 제자라고 하고 있다. 이는 석가모니의 가르침이 미륵을 통해 먼 미래에 다시 이어짐을 보여준다.

이렇듯 미륵이 등장하는 《증일아함경(增一阿含

經)》은 대승 불교가 아직 얼개가 충분히 만들어지기 전에 등장한 불경인 만큼 초기 불경 중 하나라 하겠다. 그러한 초기 불경에서 이미 미륵이 언급되고 있으니, 미륵의 연원이 꽤 오래 전부터 등장했음을 알 수 있다.

특히 중요한 점은 석가모니 사후 한참 시간이 흐른 뒤 등장한 미륵은 석가모니의 법통을 잇는 새로운 부처이자 그의 세 번의 법회로 무려 282억 명이 깨달음을 얻는다는 내용이다. 이는 곧 미륵이 불교 세계관에서는 메시아이자 구세주 같은 존재임을 뜻한다.

이러한 미륵 사상에 대해 종교학계에서는 이란의 조로아스터교로부터 영향을 받은 것으로 본다. 조로아스터교의 구세주이자 최후의 심판자인 사오시안트(Saoshyant) 역시 모든 죄악을 제거하고 낙원을 건설하는 신으로 알려져 있으며, 이런 최후의 심판 개념은 이후 유대교, 기독교, 이슬람교에 큰 영향을 준 것으로 유명하거든.

그런데 이 개념이 불교에서는 미륵 사상으로 영향을 미친다. 이는 본래 인도는 인더스 문명 때부터 이란 지역과 꾸준한 교류가 있었지만, 미륵 사상은 기원전 4세기 후반 알렉산더 대왕이 북인도를 침략했을 때 조로아스터교와 불교가 크게 접촉하며 최후의 구세주 개념이 인도로 들어온 결과물이었다. 특히 이 뒤로 그리스-인도계 왕조는 오랜 기간 조로아스터교와 불교를 결합하여 믿었고, 더욱이 1세기 들어와 불교를 적극 받아들이는 인도의 쿠샨 왕조 역시 처음에는 조로아스터교가 국교이기도 했다.

즉, 기원전 6~기원전 5세기, 석가모니가 새로운 가르침을 펼침→기원전 4세기 후반, 알렉산더 대왕의 인도 침입과 함께 최후의 심판 및 구세주 사상 접촉→기원전 4~기원전 3세기, 석가모니의 전생인 자타카 이야기가 크게 유행하면서 부처의 과거 전생 및 보살 개념의 대중화→기원전 3세기경 아소카왕이 초기 불경 교리를 정리, 이후 꾸준히 불경을 문자로 정리하는 과정이 이어짐→미래 부처인 미륵이 등장하는 초기 불경 등장→기원전 1세기부터 대승 불교 운동이 펼쳐짐→점차 미륵 이외 여러 보살들도 불경에 등장→2세기 경 쿠샨 왕조의 카니슈카왕에 의해 대승 불교 교리도 정리, 이후에도 꾸준히 대승 불경을 문자로 정리하는 과정이 이어짐.

이렇게 그 흐름을 정리할 수 있겠다.

이렇듯 미륵보살은 다른 보살들에 비해 등장 시기가 훨씬 빨랐으며, 그만큼 남다른 대우를 받는 존재이기도 했다. 무엇보다 미래에 부처가 될 존재이자 석가모니의 법통을 잇게 될 예정이니까. 이에 1

세기 후반부터 등장하는 간다라 미술에서도 다른 여러 보살과는 달리 미륵보살은 부처와 함께 도상 역시 이른 시점부터 이미 정립된 것이다.

그리고 이러한 미륵 사상은 시간이 흐르며 더 확장되어 '장엄겁(莊嚴劫) - 현겁(賢劫) - 성수겁(星宿劫)'의 삼천불 사상과 더불어 미륵불도 석가모니를 잇는 현겁의 5번째 부처에 불과하다는 개념으로 이어진다. 이는 곧 아까 만난

현겁(賢劫)의 천불(千佛)을 만들어 세상에 유포하기로 하였는바, 제29번째의 인현의불(因現義佛) 은

이라는 내용이 새겨져 있는 고구려 '연가7년명 금동여래입상'은 미륵 사상을 기본적으로 갖추고 있는 불상임을 의미하겠다. 오죽하면 현겁의 5번째 부처인 미륵불 이후 등장할 29번째 부처가 해당 불상의 주인공이니까.

중국으로 들어온 불교

　　왕 역시 불교를 일으키고자 했으나, 여러 신하들이 믿지 않고 불평을 늘어놓았으므로 난감해하였다. 왕의 가까운 신하인 이차돈(異次頓)이 아뢰기를, "바라건대 신의 목을 베어 여러 사람들의 논의를 진정시키십시오."라고 하였다. 왕이 말하기를, "본래 도(道)를 일으키고자 하는 것인데, 죄 없는 사람을 죽이는 것은 옳지 않다."라고 하였다. 이차돈이 대답하여 말하기를, "만약 도(道)가 행해질 수 있다면, 신은 비록 죽어도 여한이 없습니다."라고 하였다.

　　왕이 이에 여러 신하들을 불러들여 물으니 모두 다 말하기를, "지금 승려들을 보면, 박박 깎은 머리에 이상한 옷을 입고, 말하는 논리가 기이하고 괴상하여 떳떳한 도리가 아닙니다. 지금 만약에 승려들을 그대로 놓아둔다면, 후회가 있을까 두렵습니다. 신들은 비록 중죄를 받더라도 감히 명령을 받들지 못하겠습니다."라고 하였다. 이차돈이 홀로 말하기를, "지금 여러 신하들의 말은 옳지 않습니다. 무릇 특별한 사람이 있은 연후에야 특별한 일이 있을 수 있습니다. 지금 듣건대 불교가 심오하다고 하니, 아마도 믿지 않을 수 없을 것입니다."라고 하였다.

왕이 말하기를, "여러 사람들의 말이 견고하여 깨뜨릴 수 없다. 너만 홀로 다른 말을 하니, 양쪽을 다 따를 수는 없다."라고 하였다. 마침내 관리가 이차돈의 목을 베려고 하니, 이차돈이 죽음에 임하여 말하기를, "나는 불법(佛法)을 위하여 형장(刑場)에 나아가니, 부처님께서 만약 신통력이 있으시다면 내가 죽은 뒤에 반드시 이상한 일이 일어날 것이다."라고 하였다.

목을 베자, 피가 목이 잘린 곳에서 솟구쳤는데 피의 색깔이 우윳빛처럼 희었다. 여러 사람들이 괴이하게 여겨 다시는 불교에서 행하는 일에 대해 헐뜯지 않았다.

《삼국사기》 신라 본기 법흥왕(法興王) 15년(528)

이차돈 순교비. 국립경주박물관. ©Park Jongmoo

  이는 한국인이면 대부분 아는 유명한 일화로, 오죽하면 시간이 지나 818년 통일신라 시기에 만들어진 '이차돈 순교비(異次頓殉教碑)'가 국립경주박물관에 여전히 남아 전시 중이다. 우윳빛 피가 잘린 목에서 솟구쳐 나오는 신묘한 장면이 놀라운 조각 솜씨로 새겨져 있으니 경주에 가면 꼭 확인해 보자.

이러한 이차돈의 순교 이야기에서 중요한 포인트는 학창 시절 국사를 공부하여 다들 알겠지만, 불교를 도입하려는 국왕 측과 반대하는 신하 측의 대립이라 하겠다. 즉, 불교라는 새로운 사상에 대해 신라인들이 오래전부터 믿어오던 토속 신앙의 저항이 만만치 않았음을 보여준다. 이런 모습은 비단 신라뿐만 아니라 고구려, 백제도 처음 불교 도입 시 마찬가지였을 텐데, 관련 기록이 부족하여 더 깊숙한 이야기를 진행하기란 쉽지 않군. 이에 할 수 없이 한반도를 대표하여 신라를 중심으로 이야기를 진행하겠다.

그렇다면 왜 당시 신라의 국왕은 불교를 적극 도입하려 한 반면 신하들은 반대했던 것일까? 이를 이해하기 위해 중국의 불교 도입 과정부터 따라가보자. 마침 국립중앙박물관 3층에는 중앙아시아 전시실이 있는데, 여기서 중앙아시아란 현재 중국의 신장(新疆) 위구르(웨이우얼, 維吾爾) 자치구와 카자흐스탄, 우즈베키스탄, 키르기스스탄, 타지키스탄, 투르크메니스탄을 가리킨다. 과거에는 소위 서역(西域)이라 불리던 지역이기도 했다.

그럼, 인도·동남아시아 전시실을 나와 바로 옆 중앙아시아 전시실을 들어가볼까? 이곳에는 다양한 중앙아시아 유물이 전시되어 있는데, 이 중 적지 않은 유물이 과거 불교와 연결되는 작품들이군. 한편 중앙아시아는 기원전 2세기 무렵부터 인도, 서아시아, 중국 간의 교류가 본격화되었고, 그 과정에 여러 오아시스 도시가 세워져 상업과 종교 중심지로 번영했다. 그 결과 근대에 들어와 '비단길'이라는 용어를 통해 고대 무역과 교류의 길을 상징하여 표현하기에 이른다.

그런데 인도에서 정리된 '불경 + 불상' 덕분에 중앙아시아 여러 국가와 민족들도 불교를 적극적으로 믿기 시작하더니, 이를 기반으로 중국까지 비단길을 따라 서서히 불교가 들어오기 시작했다. 그러다 중국의 통일 왕조인 한나라 멸망 후 얼마 지나지 않아, 304년부터 439년까지 여러 이민족이 중원에 들어와 국가를 세우는 5호 16국 시대를 맞이하면서 불교는 엄청난 속도로 중국에 퍼져갔다. 혼란한 시대에 종교적 안식처 역할을 톡톡히 해낸 것이다.

물론 당시 중국은 오랜 기간 구축한 유교와 도교라는 독자적 사상을 갖추고 있었다. 특히 유교의 경우 통일 왕조 한나라에서 통치 이념으로 세웠기에 무척 탄탄한 제도와 기반을 갖춘 상황이었다. 오죽하면 한나라는 국내 정치를 넘어 주변국을 정복하면서도 이를 천하를 통치하는 유교 질서의 일환으로 해석하기도 했으니까.

다만 유교나 도교 모두 현실의 삶을 중시하는 사상이었으며, 죽은 뒤의 세계에 대해서는 상세한 설명을 하지 않았다. 도교의 경우 아예 불로불사(不老不死)라 하여 젊음과 삶이 영원히 이어지는 것을 추구할 정도였으니…. 하지만 그 강력했던 한나라가 무너지고 여러 이민족이 중원에 자리 잡으면서 유교, 도교가 지닌 영향력은 크게 약화되고만다. 이는 곧 그동안 지탱해오던 한족 문화의 실패를 의미하기도 했다.

반면 불교의 경우 자비 사상을 중시했으며, 설사 군주라 할지라도 죄를 짓는다면 업에 따라 현생이 아니더라도 다음 생에서 재앙과 화를 당한다는 무서운 논리가 있었다. 이에 처음 접하는 이들에게는 신선하면서도 죽은 뒤의 세계에 대한 두려움이 생겨났다. 그뿐 아니라 앞서 잠시 보았듯 인간의 상상력으로는 감히 그릴 수 없을 정도로 불교의 세계관이 넓은 데다 그 논리 및 현생부터 사후 세계까지 탄탄하게 구축된 구조는 기존의 유교와 도교로 설명할 수 없는 부분까지 완벽히 채워주었다. 여기에 하나 더 추가하자면, 누구나 수행을 통해 보살이 되고 부처가 될 수 있다는 대승 불교의 사상은 계층을 철저히 구분시키던 기존 유교 질서가 무너진 시기에 남다른 매력으로 다가올 수밖에 없었다.

이는 마치 19세기부터 서구의 기독교 문화가 한반도로 적극 전파되면서 점차 기독교 세계관이 한반도 사람들에게 큰 영향을 미친 것과 유사하지 않을까? 마침 18세기를 기점으로 이룩한 서구의 뛰어난 문명과 민주, 평등사상 역시 이와 함께 전파된 기독교를 훌륭하게 보도록 만드는 배경이 되었고 말이지.

반대로 요즘은 아시아 경제, 문화가 크게 부각되면서 미국, 유럽 등지에서 불교 인구가 크게 늘고 있으니, 이 역시 비슷한 경우라 하겠다. 참고로 현재 한국 불교 인구와 미국 불교 인구가 비슷하다고 함. 미국 내 베스트셀러 중 불교 서적이 무척 많을 정도로 신자가 아니더라도 대중들의 반응 역시 갈수록 단단해지고 있다. 그래서 앞으로 30년 정도 시간이 더 지나면 놀라운 깨달음을 얻은 법력 높은 스님이 아시아가 아닌 미국에서 등장할지 모른다.

음. 다시 하던 이야기로 돌아와서. 어쨌든 이렇듯 새로운 세계관은 처음 접하는 이들에게 거리감과 함께 호기심을 가져올 수밖에 없었으니, 이와 관련한 중국 기록을 한번 살펴보자.

처음에 석륵이 인도인 천축 스님인 불도징이 성패를 예언한 것이 몇 번이나 맞게 되자 그를 공경하면서 섬겼다. 석륵의 조카인 석호가 즉위하자 그를 더욱 몸가짐을 조심하며 받드니, 비단으로 옷을 만들어 입고 조각을 새긴 수레를 타게 하였다. 조회가 열리는 날에는 태자를 비롯한 사람들이 그를 부축하여 전각에 오르게 하고 의식을 주관하는 이가 '대화상(大和尙, 큰스님)'이라 부르면 앉아 있던 사람들이 모두 일어섰다. 온 나라 사람들이 교화되어, 대부분 부처를 섬기게 되었고, 불도징이 있는 곳이면 감히 그쪽에 대고 침을 뱉는 일도 없었으니, 다투어 사찰을 만들고 머리를 깎고 출가하여 스님이 되었다.

그러자 재상이었던 왕도(王度) 등이 의논하여 말하였다.

"제왕이 된 사람은 제사를 지내고, 예식을 지내는 방법이 모두 갖추어 있습니다. 부처는 외국의 신으로 천자와 백성들이 숭배를 할 대상이 아닙니다. 한나라가 처음 불교를 전해 받았을 때도 오직 서역 사람들만이 사찰을 세우고 이를 받들었을 뿐. 한나라 사람들은 출가하여 중이 될 수 없었고 이는 한나라를 이은 위나라 때도 마찬가지였습니다. 이제 마땅히 공경(公卿)* 이하 사람들은 절에 가서 향을 피우고 예배할 수 없도록 금지해야 할 것입니다."

이에 석호가 조서를 내리니

"짐은 변두리에서 태어나서 중국의 군왕이 되었으니, 제사를 지내는 것은 마땅히 중국의 방식을 따를 것이다. 그러나 이민족과 우리 백성들이 부처를 섬기는 사람이 있다면 이를 특별히 허락할 것이다."

《자치통감(資治通鑑)》 진기(晉紀) 17권 성제 함강(鹹康) 원년(335)

내용을 바탕으로 정리

석호(石虎, 재위 334~349년)는 5호 16국 시대에 화북을 잠시 장악했던 흉노 출신 왕으로, 서역에서 온 불도징(佛圖澄, 232~348년)이라는 승려를 높이 따르고 있었다. 실제 승려 불도징은 사람을 함부로 죽이던 석호를 불교 교리를 통해 어느 정도 교화, 즉 제어하는 데 성공한 데다 그동안 허용되지 않던 한인의 출가도 허락받음으로써 불교가 중국에 제대로 뿌리내리도록 만든 인물이다. 그뿐 아니라 인도에

---

* 삼공(三公)과 구경(九卿)을 아울러 이르는 말로 최고 수준의 귀족을 의미한다. 즉, 세습하는 귀족 가문에다 높은 관직을 지닌 이들을 총칭하여 부르는 용어다.

유학한 후 79세에 중국으로 들어와 열반하는 117세까지 불법을 알렸으니, 그의 아래로 수많은 제자들이 나왔으며 중국 불교는 바로 이 시점을 계기로 완전히 새로운 시대를 맞이한다.

그런데 이런 분위기를 탐탁지 않게 여긴 이가 바로 한인 출신 재상이었던 왕도(王度)로, 그는 외국신은 중국에 맞지 않다고 반대했던 것이다. 하지만 석호는 이를 무시하며 누구든 불교를 믿고자 하는 이는 믿게 하도록 조서를 내린다. 이처럼 신라 법흥왕 시절 불교 도입을 두고 왕과 신하가 대립하던 모습이 중국에서도 200여 년 전 비슷한 방식으로 벌어지고 있었다.

이 뒤로도 한인 엘리트들의 불교 견제는 여러 국가를 이어가며 지속되었지만 결국 불교는 중국 전역에서 황제부터 민중까지 믿는 대중적 종교가 되었으니, 이런 결과에는 이민족 출신의 황제가 무엇보다 큰 역할을 하였다. 당시 이민족 황제들은 중국 유교를 대신하여 서역 불교를 가져와 자신들의 사상적 기반으로 구축하고자 했으며, 이에 국가 지배하에 두고 불교를 적극 관리했던 것이다.

그리고 어느덧 혼란했던 5호 16국 시대가 마감되고, 5세기 들어와 중국은 화북을 통합한 이민족 국가와 강남을 통합한 한인 국가가 대립하는 상황으로 이어졌다. 이런 5세기 이후의 중국을 남북조(南北朝) 시대라 부른다. 이때 화북을 통합한 북위(北魏, 386~534년)라는 국가에서 불교문화는 더욱 큰 꽃을 피우게 되니….

아이고! 유물을 보며 너무 오래 서 있었더니 힘드네. 잠시 저기 의자에 앉아 쉬었다가 계속.

북위 시대와 불교

자, 의자에 앉아서 나머지 이야기를 이어갈까? 아, 참. 그런데 3층 복도 한쪽으로 폭신한 의자가 여럿 배치되어 있어 마치 고급 카페에 온 느낌이군. 이처럼 요즘 들어 국립중앙박물관이 관람객이 편하게 쉴 수 있는 공간을 이곳저곳 잘 구성해두는 듯하다. 그래, 이런 장소가 있어야 잠시 쉬면서 에너지를 충전한 뒤 다시 유물 구경을 할 수 있겠지. 이렇듯 딱딱한 박물관이라는 이미지가 많이 사라진 요즘, 박물관을 더 많은 사람들이 방문하면 좋겠다.

지금부터 하는 설명은 국립중앙박물관에 없는 유물이 많은 관계로 그냥 폭신한 의자에 앉은 채 스마트폰으로 사진을 하나하나 찾아보며 이어가기로

북위 시대와 한반도.

하자. 개인적으로는 사진을 통해서나 만날 수 있는 유물들을 국립중앙박물관 중국 전시실에서 빠른 시일 내 직접 볼 수 있기를 기대한다. 물론 수집 또는 기증을 받아야겠지.

아, 이야기를 어디부터 시작하는 거지? 삼천포로 또 빠지다보니…. 그래 맞다, 북위. 북위는 현재의 내몽골에 위치했던 선비족 부족 중 탁발씨(拓跋氏)가 남으로 내려와 세운 국가로서 1층 고구려 전시실에서 설명하다가 또 다른 선비족인 모용씨를 이야기했었지.

"그리고 5호 16국 시대가 되자 이번에는 내몽골에서 유목 생활을 하던 선비족의 모용씨(慕容氏)가 요동을 장악하고 연나라를 세웠다. 이를 역사서에서는 전연(前燕, 337~370년) → 후연(後燕, 384~407년) → 북연(北燕, 407~436년)으로 기록하고 있다. 다만 마지막 북연의 경우 왕이 선비족이 아닌 고구려인과 한인으로 이어졌으나 나머지 지배층 구성은 거의 동일했기에 소위 삼연(三燕), 즉 세 개의 연나라라고 묶어 부르기도 한다."라 이야기했었는데 기억나겠지? 불과 약 45분 전 일이니까.

한편 5호 16국 시대의 또 다른 선비족인 탁발씨는 386년에 위(魏)나라를 세우니, 이것이 역사에 북위(北魏)라 기록된 나라다. 그리고 나중에 북위의 선비족 지배층 가문에서 수나라, 당나라 황제가 차례로 등장하므로 사실상 북위부터 당나라까지는 선비족 전성기 시대라 하겠다.

그러고보니 중국 역사에서 한인이 통일 국가 황제로 존재했던 시기는 한나라, 송나라, 명나라 정도에 불과했었군. 반면 이민족이 세운 통일 국가로는 수나라, 당나라, 원나라, 청나라가 있다. 현재 한인 중심 국가인 중화 인민 공화국(中華人民共和國)이 정치적 목적으로 과거 이민족 역사까지 모두 중국 것으로 만들고 있지만, 사실은 중국 역사의 절반 가까이가 이민족 황제 시절이라는 의미. 즉, 중국도 한반도 역사에 대해 이러쿵저러쿵할 처지는 아닌 듯 하군.

어쨌든 선비족 탁발씨에 의해 북위가 세워지자 선비족 모용씨가 세운 연나라가 북위의 성장을 두려워하여 공격했는데, 395년 오히려 크게 패하면서 이후 고구려와 북위의 압박 속에 무너지고 말았다. 이처럼 경쟁자 연나라를 꺾고 성장하던 북위는 수도를 지금의 산시성(山西省) 다퉁(大同)에 두었다. 베이징 서쪽으로 300km 거리에 위치하니, 한반도에서도 거리상 그리 멀지 않네. 그리고 이곳에는 그 유명한 윈강 석굴(雲崗石窟)이 있다. 5세기 들어와 화북을 통합한 북위가 만들어낸 걸작 석굴 사원이라 하겠다. 아마 이름은 잘 몰라도 사진을 보는 순간 '아, 여기!' 하는 반응이 나올 정도로 은근히 잘 알려진 장소지.

이곳에는 460년부터 약 40년간 1km 길이의 크고 작은 굴마다 불상이 만들어졌으며, 그 숫자가 무려 5만 점에 이른다고 한다. 특히 유명한 불상은 5개의 거대 석불로 15~20m의 거대한 크기가 압도적이다. 이 5개의 석불은 역대 5명의 북위 황제들을 부처로 묘사한 것이니, 소위 '왕즉불(王即佛)' 사상을 그대로 보여주고 있다. 왕즉불은 '왕 = 부처'라는 사상으로, 다음의 말에서 그 연원을 살펴볼 수 있다.

지금 우리는 흥흥한 시대를 만났기 때문에 군주에게 의존하지 않고서는 불법을 세울 수 없다.

도안(道安, 312~385년)

서역에서 온 승려 불도징의 제자인 도안(道安)은 한인 출신 승려로서 초기 중국 불교의 기초를 닦은 사람이다. 그런 그가 볼 때 당시 중국은 너무나 혼란스럽고 괴로운 시대였던 만큼 군주가 중심이 되지 않으면 불법을 세울 수가 없었다고 여긴 것이다. 실제로 중국 문화를 잘 이해하지 못하던 외부 민족이 나라를 세우고 황제나 왕이 되었으나, 이들을 상대로 유교적 소양 등을 교육시키기란 무척 어려운 일이었다. 이에 한인 승려들은 불교를 통해 이민족 황제를 제어하면서, 더 나아가 아예 불교 교리를 중국식으로 접근하여 결합시켰다.

이러한 중국식 불교 사상은 시간이 지나 더욱 발전하여 4세기 후반 북위의 건립자 태조(太祖, 탁발규)에 의해 높은 자리에 오른 승려 법과(法果)의 경우 다음과 같은 말을 하였으니.

"태조는 당금(當今)의 여래(如來)다."

그렇다. '당금 = 지금' 이라는 뜻이며 '여래 = 부처' 라는 뜻이니 '황제는 지금의 부처다', 즉 '왕 = 부처' 라는 의미였다. 그리고 이러한 왕즉불 사상이 5세기 후반 윈강 석굴에 그대로 새겨지면서 부처 모습을 띤 거대 황제 조각상이 만들어졌던 것.

그런데 6세기 초반인 528년에 신라 법흥왕이 도입하고자 한 불교가 다름 아닌 이것이었으니, 왜 그렇게 신라 왕은 불교를 도입하고자 한 반면 신하들은 반대했는지 이제 좀 이해가 되겠지? 당연히 불교 도입 후 신라 왕도 '왕 = 부처', 즉 왕즉불 사상에 근거하여 자신을 마치 부처의 재림으로 해석했고 이를 바탕으로 왕권을 크게 강화시켰기에, 이것은 중국과 마찬가지로 신라에서 불교가 크게 발달하는 중요한 계기로 이어진다.

자. 여기까지 북위의 왕즉불 사상이 한반도로 이동한 과정을 살펴보았다. 이제 다음 차례로 인도에서 발달한 미륵 사상이 중국을 거쳐 한반도로 옮겨온 과정을 알아보기로 하자. 이를 위해 우선 중국의 미륵 조각의 변화부터 살펴볼까?

중국의 미륵 조각

앞서 설명했듯 간다라 미술에서는 미륵을 세속인 중 가장 고귀한 신분으로 묘사하면서, 터번이라 불리는 모자를 쓰지 않고 머리를 양쪽으로 묶거나 상투를 튼 모습으로 표현하되 손에는 물병 하나를 들고 있는 것으로 표현했다. 그렇다면 중국에서는 미륵을 어떤 방식으로 표현했을까?

음. 의자에 앉은 채 스마트폰으로 사진을 찾아보자면, 대표적으로…. 그래, 그냥 뉴욕의 메트로폴리탄 뮤지엄(The Metropolitan Museum of Art) 홈페이지로 가서 찾아보면 좋을 듯. 나는 찾아보고 싶은 해외 유물이 있으면 메트로폴리탄 홈페이지를 자주 이용하는데, 세계의 어떤 뮤지엄보다 소장품 찾는

간다라의 교각보살상. 도쿄국립박물관.

부분이 잘 구성되어 있기 때문이다. 이것이 IT를 기반으로 하는 미국의 힘이 아닐까싶군. 쉽고 직관적으로 원하는 사진을 보여주는 능력.

찾는 방식은 단순하다. 메트로폴리탄 홈페이지 오른쪽 윗부분에 위치한 'Search'에다가 미륵을 뜻하는 'Maitreya'를 치자. 그럼 쭉 소장품이 나오는데, 'Bodhisattva (Maitreya) with crossed ankles'라는 명칭의 유물이 보이는군. 오케이.

사진을 클릭하니, 마침 의자에 다리를 꼬고 앉은 나처럼 보살이 다리를 X자로 꼬고 의자에 앉아 있는 모습이다. 한문으로는 '北魏 彩繪石雕交脚菩薩像'이라 되어 있군. 5세기 후반 북위 시대에 만들어진 석조 교각 보살상이라는 의미로, 이처럼 X자로 다리를 꼰 모습을 소위 교각(交脚)이라 표현한다. 사람이 다리를 교차하여 앉은 모습을 본떠 만든 글자 交와 다리를 뜻하는 글자 脚을 합쳐서 만든 말.

어쨌든 X자로 다리를 꼬고 의자에 앉아 있는 모습은 간다라 미술부터 보살 조각 디자인 중 하나로서 등장했지만, 이 디자인을 중국이 받아들이면서 이를 미륵의 자세로 일관성 있게 정립시켜나갔다. 즉, 간다라 미술에서는 미륵을 포함한 보살이 보여주는 여러 자세 중 하나에 불과했던 X자로 다리를 꼰 형식을 중국에서는 미륵 특유의 디자인으로 확

북위의 교각보살상. 메트로폴리탄뮤지엄.

립시켰다는 의미. 이에 X자로 다리를 꼬고 있는 중국 불상의 경우 보통 미륵으로 본다. 이를 바탕으로 메트로폴리탄에서 찾은 'Bodhisattva (Maitreya) with crossed ankles' 역시 미륵임을 알 수 있다. 사실 이 미륵 조각은 앞서 언급한 북위의 윈강 석굴에서 출토된 것이기도 하다.

흥미로운 점은 이처럼 X자로 다리를 꼰 미륵을 메트로폴리탄 소장품뿐만 아니라 윈강 석굴에서도 어마어마하게 만날 수 있으니, 이는 곧 당시 북위가 불교를 받아들이면서 미륵 역시 관심을 보였음을 의미하겠다. 한편 윈강 석굴에서 X자로 다리를 꼰 미륵 중 가장 눈에 띄는 조각이 있다면, 5세기 후반에 조각된 윈강 5굴 남벽에 위치한 미륵 조각이다. X자로 다리를 꼰 미륵이 중앙에 위치하고 그 양옆으로는 우리에게 매우 익숙한 반가사유상이 2점 배치되어 있기 때문. 사진을 한번 구글을 통해 찾아볼까? 아무래도 한자로 검색해야겠지.

겨우 찾았다. 이렇듯 미륵불과 그 양옆에 반가사유상이 함께하는 도상은 5굴 남벽 외에도 여러 점이 윈강 석굴에 존재한다. 특히 윈강 석굴에서 만날 수 있는 반가사유상은 그 자세의 유사성을 볼 때 한반도의 국보 반가사유상과 연결점이 분명 있을 것이다.

윈강 5굴 남벽의 미륵불과 양옆의 반가사유상.

한편 반가사유상 도상 역시 X자로 다리를 꼬고 의자에 앉아 있는 도상처럼 간다라 미술부터 등장한 포즈다. 석가모니, 보살, 수행자 등 많은 이들의 자세 중 하나로서 등장했으니까. 이 중 석가모니의 경우 아직 깨닫기 전인 보살일 때 묘사로 주로 보이니, 고뇌하는 태자 모습이 대표적이다. 마침 윈강 6굴에도 보살로 묘사된 석가모니에게 절하는 말의 모습이 새겨져 있는데, 이는 석가모니가 본격적으로 수행하기 위해 궁전을 나설 때 탔던 말과 헤어지는 장면이라 하겠다. 이 사진도 구글을 통해 찾아볼까? 오. 찾았는데, 역시나 석가모니가 반가사유상 모습을 하고 있네.

이처럼 반가사유상 도상은 5세기 말 미륵 양옆에 위치하는 모습 또는 석가모니의 일대기 중 보살 시절을 보여줄 때 등장했지만, 이는 분명 주인공 모습은 아니었다. 하지만 시일이 지나자 새로운 미륵 디자인이 등장하게 되니….

북위는 493년이 되자 수도를 산시성 다퉁에서 남쪽 허난성(河南省) 뤄양(洛陽)으로 옮긴다. 소위 낙양이라 불리는 중국의 고대 수도가 위치했던 그곳으로, 이 시점을 계기로 북위의 한화(漢化) 정책은 정점에 이르게 된다. 유목민인 선비족이 오랜 기간 중국을 지배하면서 점차 한 문화에 익숙해지자, 자

운강 6굴의 고뇌하는 태자 모습의 석가모니 반가사유상. 석가모니에게
절하는 말의 모습이 보인다.

신들보다 숫자가 훨씬 많은 한인을 통제하기 위해 중국식으로 문화를 배우고 성마저 중국식으로 바꾸기 시작한 것이다.

이에 황제 일족의 성(姓)인 탁발씨(拓跋氏)를 중국처럼 하나의 성으로 만들면서 원씨(元氏)로 고쳤으며, 이 외에도 농업 중심 토지 개혁, 국가 통치 조직 개혁 등이 이루어졌다. 그리하여 당나라 시기가 되면 이들 선비족들은 정체성을 갈수록 잃어버리고 스스로 한인을 자처하기에 이른다. 이런 역사를 어디서 많이 보았지? 그래, 마치 청나라 말기 모습과 유사하네.

그런데 낙양으로 이주한 뒤에도 북위는 석굴 사원을 만들었으니, 이것이 바로 룽먼 석굴(龍門石窟)이다. 역시나 해당 사진을 보면 한 번쯤 본 적이 있는 유명한 유적지로, 이곳은 북위부터 당나라 때까지 꾸준히 공사가 이어졌다.

주목할 부분은 6세기 초반에 등장하는 새로운 미륵 조각을 룽먼 석굴에서 만날 수 있으니, 그 예로 'AN IMPORTANT DARK GREY LIMESTONE FIGURE OF MAITREYA'라 구글에 치면 크리스티 경매에서 2015년에 150만 5000달러, 한화로 약 18억 원에 낙찰된 미륵 조각이 보일 것이다. 클릭해보니, X자로 다리를 꼰 상태에 반가사유상처럼 팔 하나를

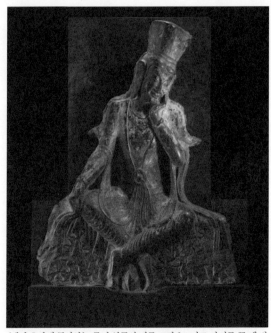

6세기 초반에 등장하는 룽먼 석굴의 미륵 조각은 X자로 다리를 꼰 채 반가사유상처럼 생각에 잠긴 형태로 융합되었다.

올려 볼에 손을 대고 있는 형식이로군. 이 불상은 룽먼 석굴에서 출토된 것으로 이런 형식의 불상이 종종 해외 미술 경매에 나온다.

즉, 5세기 말 윈강 석굴에서 X자로 다리를 꼰 미륵이 6세기 초 룽먼 석굴에서는 X자로 다리를 꼰 채 반가사유상처럼 생각에 잠긴 형태로 융합된 것이다. 두 디자인이 하나로 융합, 마치 진화 과정의 중요한 연결 고리를 하나 발견한 느낌이군. 갑자기 드는 생각. 이렇듯 1) 'X자로 다리를 꼰 미륵'과 2) 'X자로 다리를 꼰 채 반가사유상처럼 생각에 잠긴 미륵'처럼 의미 있는 디자인의 불상을 국립중앙박물관이 수집하여 전시한다면 얼마나 좋을까?

아, 참고로 '북주 석조 교각상(北周 石造交脚像)'이라 하여 578년에 만들어진 X자로 다리를 꼰 석상을 국립중앙박물관이 소장하고는 있음. 희한하게도 전시는 하지 않고 있지만 말이지. 높이 79.7cm의 수준급 작품으로 5세기 후반의 북위 교각상을 100년 뒤 마치 복고 스타일처럼 재현한 것이다. 일제 강점기에 이왕가 박물관이 수집한 것으로, 소장품 번호인 '덕수 5381'을 구글에 치면 나오니 확인해보자. 다만 X자로 다리를 꼰 채 반가사유상처럼 생각에 잠긴 미륵은 국립중앙박물관 소장품에 아직 없다.

한편 지나친 한화 정책에 대한 반발로 북위는 534년에 무너지고, 이를 대신하여 화북의 동쪽에는 동위(東魏), 서쪽에는 서위(西魏)로 각각 분열되더니, 얼마 지나지 않아 동위는 북제(北齊)로, 서위는 북주(北周)로 이어졌다.

그런데 화북의 동쪽에 위치한 동위(534~550년)와 북제(550~577년)는 허난성에 룽먼 석굴을 만들

북주 석조 교각상. 5세기 후반의 북위 교각상을 100년 뒤 재현한 것. 소장
품 번호 덕수 5381.

었으니, 이 석굴 안에서 비로소 한반도 삼국 시대의 백제와 신라에서 제작되던 불상 디자인이 많이 보이기 시작한다. 마치 부모나 형제를 만난 느낌이랄까? 실제로도 불교 군주를 표방한 백제의 성왕(聖王, 재위 523~554년)과 신라의 진흥왕(眞興王, 재위 540~576년) 시대와 동위, 북제 시기가 겹친다는 사실.

즉, 북위의 불교문화가 고구려에 많은 영향을 주었기에 북위의 불상 디자인이 '연가7년명 금동여래입상' 등 고구려 불상에 등장하는 것처럼, 백제와 신라에서는 이보다 뒤의 시대인 동위, 북제의 영향을 받은 불상이 주로 제작된 것이다. 이는 단순히 불교를 받아들인 시기와 별개로 불상과 불경 등을 깊숙이 이해하여 표현할 수 있는 시점 역시 한반도 영역 내에서 고구려→백제→신라 순이었음을 의미한다.

그뿐 아니라 동위와 북제는 '용화수(龍華樹) 아래의 반가사유상'이라는 주제로 대리석 불상을 무척 많이 만들었는데, 오죽하면 왕조가 존속한 기간이 극히 짧음에도 이러한 불상이 여전히 많이 남아 있을 정도다. 다행히도 이왕가 박물관 시절인 근대에 구입한 '용화수 아래의 반가사유상'을 국립중앙박물관이 소장하고 있다. 참고로 국립중앙박물관

북제의 용화수(龍華樹) 아래의 반가사유상. 국립중앙박물관. 소장품 번호 '덕수 4684.'

소장품은 북제 작품.

이 작품은 현재 '덕수 4684'라는 유물 소장품 번호를 받았지만, 국립중앙박물관 중국 전시실에 전시할 때도 있고 교체되어 없을 때도 있다. 오늘은 아쉽게도 없는 것 같으니, 계속 사진으로 설명을 이어가야겠군. 네이버에 '용화수 아래의 반가사유상'이라고 한글로 치자, 정말 많은 사진이 등장하는걸? 이처럼 국내 박물관에 특정 유물이 소장되어 전시된 적이 있다면 단지 한글만으로도 중요한 정보를 찾을 수 있으니, 그만큼 쉽게 접하고 이해할 수 있는 기회가 생겼음을 의미한다.

그렇다면 이 작품의 중요한 부분은 무엇일까? 그래. 눈썰미 좋은 분은 사진을 보는 순간 한눈에 알 수 있을 듯. 다름 아닌 반가사유상이 작품의 주인공으로서 등장하고 있다. 가장 중앙에 위치한 반가사유상을 다른 여러 존재들이 보좌하고 있는 모습이 바로 그것. 이 외에도 북제 시대에는 반가사유상을 단독 주인공으로서 제작한 경우도 많았다. 그 결과 중국 박물관에는 북제 시대에 제작된 반가사유상이 여럿 있으며, 해외 경매에도 종종 등장한다. 당연히 이런 작품도 국립중앙박물관에서 반드시 하나쯤 구입하여 소장해야겠지?

다만 6세기 중후반 북제 시대에 만들어진 단독의

북제의 태자상(太子像).

반가사유상의 경우 대좌에 종종 태자상(太子像), 태자사유상(太子思惟像), 사유상(思惟像) 등의 명문이 적혀 있는 반면 미륵이라 명시한 것은 아직 발견되지 않았다. 그런데 7세기 중반인 666년에 만들어진 일본 야추지(野中寺, 야중사)의 금동반가사유상의 경우 대좌에 미륵이라 적혀 있어 분명 반가사유상이 '중국→한반도→일본'으로 이어지는 과정 중 태자, 미륵 등의 의미가 복합적으로 사용되었음을 보여준다. 이와 관련한 이야기는 다음 챕터에서 이어가기로 하고.

이처럼 5세기 말 미륵을 보좌하는 형식 또는 석가모니의 태자 시절로 묘사된 반가사유상은 6세기 초 미륵을 상징하는 새로운 디자인으로 발전했고, 6세기 후반에는 마치 주인공처럼 단독으로 조각되기도 했음을 확인해보았다. 당연히 이러한 변화 과정은 미륵 사상에 대한 당시 중국의 분위기와 연결시킬 수 있을 것이다. 우리의 국보 반가사유상과도 연결되는 부분인 만큼 이를 더 자세히 알아보기로 하자.

중국에서의 미륵 사상

불교의 초기 경전인《증일아함경》에는 앞서 보았 듯 미륵이 석가모니 사후 오랜 시간이 지나 깨달음 을 얻은 뒤 다음 부처가 된다는 내용이 담겨 있었다. 그리고 해당 내용을 바탕으로 대승 불교 시절 미륵 과 관련한 여러 경전이 만들어지니,《미륵 상생경 (彌勒上生經)》,《미륵 하생경(彌勒下生經)》,《미륵 대성 불경(彌勒大成佛經)》 등 세 가지 경전이 그것 이다. 이를 합쳐서 소위 미륵 삼부경(彌勒三部經)이 라 부른다.

이 중 ①《미륵 상생경》은 불교를 믿는 신도가 하 늘에 있는 천국의 일종인 도솔천으로 환생하여 그 곳에서 보살로 지내는 미륵을 만나는 내용이며, ②

《미륵 하생경》은 미륵이 세상에 내려와 부처가 되어 용화수 아래에서 법회를 열 때 신도들이 이를 듣고 구원을 얻는 내용이다. 그리고 마지막으로 ③《미륵 대성 불경》은 미륵이 전륜성왕(轉輪聖王)의 이상적인 정치로 이루어지는 불국토(佛國土)에 태어나 용화수 아래에서 성불하고, 3회의 설법을 통해 석가모니가 미처 구제하지 못한 중생을 대승 불교로 인도한다는 내용이다.

즉, 미륵을 직접 만나는 장소를 '① 죽은 후 도솔천이냐, 아니면 ② 살아서 바로 이곳이냐' 로 구분 짓고 있는 것. 이에 맞추어 실제로도 불경에서는 천국인 도솔천에 위치한 미륵은 보살로 표현되고, 세상에 내려와 용화수 아래에서 법회를 여는 미륵은 부처로 표현한다. 당연히 천국인 도솔천의 미륵은 미륵보살이고, 세상에 내려와 용화수 아래에서 법회를 여는 미륵은 미륵불이라 하겠다.

불상 디자인 역시 이에 맞추어 조각되었는데, 간다라 미술 때처럼 머리 모양과 옷을 통해 부처와 보살 구별이 가능하다. 예를 들면 부처는 육계라 불리는 정수리가 솟은 부분이 있고, 보살은 화려한 관(冠)을 쓰고 있으니까. 흥미로운 것은 북위의 원강 석굴을 살펴보면 보살로 표현된 미륵이 부처로 표현된 미륵보다 압도적으로 많다는 점. 이는 곧《미

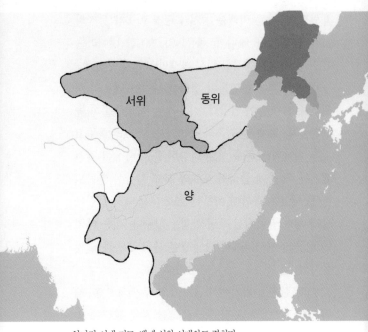

양나라 시대 지도. 백제 성왕 시대와도 겹친다.

록 상생경》, 즉 죽은 후 하늘에 있는 도솔천으로 환
생하여 그곳에서 보살로 지내는 미륵을 만나는 장
면을 묘사하는 경우가 많았다는 의미다.

한편 당시 북위 황제들은 왕즉불 사상에 따라 아
예 살아 있는 부처로서 인식되었기에, 미래 부처인
미륵 사상 역시 한계가 분명할 수밖에 없었다. 지금
당장 부처가 황제로서 살아 있는 만큼 논리상《미륵

하생경》에 따른 미래불이 지금 당장 이곳에 등장하기란 쉽지 않을 테니까. 즉, 56억 7000만 년이라는 아주 먼 미래에 등장할 미륵 하생만 표현할 수밖에.

반면 동시대 한인들이 정권을 장악한 남조의 경우 분위기가 많이 달랐다. 아무래도 문화 수준이 높았던 만큼 황제 및 귀족과 승려가 불교 교리를 두고 깊은 철학적 토론을 하며 다양한 불교 사상이 발전했거든. 덕분에 중국의 도교와 불교 사상이 혼합되는 등 새로운 융합이 이루어졌고, 사찰 역시 북위와 달리 세속 권력에서 독립해 힘을 갖춘다. 이는 마치 인도, 중앙아시아에서 발달했던 불교 모습과 얼핏 유사했다.

이와 같은 분위기에서 남조에 양 무제(梁武帝, 재위 502~549년)가 등장했으니, 그는 불교 교리에 엄청난 조예가 있었으며 오죽하면 황제보살(皇帝菩薩)이라 불렸다. 양 무제는 북위의 '황제 = 부처'와는 구별되듯 자신을 부처보다 아래인 보살로 지칭했던 것. 이런 관점에 따라 양 무제는 부처보다 미륵 경전에 등장하는 전륜성왕에 자신을 연결시키기 시작했다.

그 결과 양 무제는 그동안 중국 내 석가모니의 사리를 모신 탑을 발굴하여 공양한 뒤 탑을 대대적으로 중수(重修), 즉 고쳐 짓는 행동을 매우 중시했으니, 이는 과거 인도의 아소카왕의 행적을 그대로 따라가며 모방한 것이다. 이 당시 아소카왕은 불국토를 이룩한 이상적인 인물이자 전륜성왕의 실제 역사 모습으로 인식되고 있었으며, 그의 행적은 '아육왕'이라는 전설로서 알려지고 있었거든. 마침 이와 같은 아육왕 전설은 바다 건너 동남아 불교를 통해 중국으로 전달되고 있었다.

아육왕? 그렇다

서축(西竺)의 아육왕(阿育王)이 황철(黃鐵) 5만 7000근과 황금 3만 푼을 모아 장차 석가의 존상 셋을 부어 만들려고 하다가 이루지 못해서 배에 실어 바다에 띄우면서 빌기를, 부디 인연 있는 땅으로 가서 장육존상을 이루어주기 바란다.

《삼국유사》 황룡사 장육

아까 전 확인한 《삼국유사》 기록 중 신라 진흥왕에게 불상을 만드는 재료를 보내주었던 왕이 다름 아닌 아육왕이었다. 이는 곧 신라 역시 아육왕의 전설, 즉 아소카왕의 불국토에 특별한 관심을 두었음을 알 수 있다. 무엇보다 양 무제 시절 바다를 통한 동남아 불교문화 전달 때처럼 진흥왕의 일화에서도 바다가 언급되는 것이 흥미롭다. 이는 곧 양 무제 시절의 남조 불교 분위기를 신라로 대입시켜 만든 이야기임을 의미한다.

그리고 양 무제는 이러한 사상을 바탕으로 516년에 무려 20m 크기의 거대 미륵불을 조성했으니, 이때 '미륵부처 = 미륵 하생' 의미를 지니고 있었다. 전륜성왕의 이상적인 정치로 이루어지는 불국토가 자신이 통치하고 있는 남조이며, 이에 미륵불이 곧 이곳에 등장할 것임을 상징적으로 선보였던 것이다. 불경에 따르면 56억 7000만 년 후에나 비로소 미륵이 등장하지만 아무래도 이를 기다릴 수 없었던 모양이다.

이처럼 정치적 행위로 구체적으로 표현된 전륜성왕 모습은 남조의 양 무제를 시작으로 화북과 한반도까지 큰 영향을 미쳤다. 화북에서 북위를 이어 등장한 동위(534~550년)와 북제(550~577년)에서는 전륜성왕 사상이 크게 유행했으며, 이는 동시대 백제와 신라도 마찬가지였으니까. 그리고 이런 관점에서 아육왕 전설, 즉 아소카왕으로 대변되는 전륜성왕 사상은 불상 디자인에까지 적극 표현되기에 이른다.

그것이 바로 동위, 북제 시대에 만들어진 반가사

유상들이다. 이 중 일부 조각상은 나무 아래 깨달음을 표현하는 방식으로 등장했으니, 앞서 사진으로 보았던 국립중앙박물관 소장 '용화수 아래의 반가사유상'이 대표적이다. 사진을 다시 보니, 아예 나무 밑동을 용이 둘둘 감싸고 있으니 말 그대로 용(龍)과 나무가 결합된 용화수(龍華樹)로군.

이는 곧 세상에 내려와 용화수 아래에서 극한의 깨달음을 얻고 부처가 되기 바로 직전의 미륵 모습을 표현했음을 의미한다. 무엇보다 사진 속 반가사유상의 표정을 볼 때 그가 이미 깨달음의 극치를 경험하고 있음을 누구나 알 수 있네. 당연히 불교 세계관에서 가장 극적인 장면 중 하나라 하겠다. 구세주인 미륵이 내려와 부처가 된 직후 282억 명을 깨닫게 만들 설법을 할 예정이니까. 이로써 미륵뿐만 아니라 설법을 듣고 진리를 깨달은 282억 명 모두 부처가 되는 것이다.

이것이 바로 진리가 존재할 뿐 절대적인 신(神)은 존재하지 않으며, 그 대신 깨닫는다면 누구나 석가모니나 미륵 같은 부처가 될 수 있다는, 불교가 표현하는 최후의 심판이다. 참고로 석가모니는 보리수 아래에서 깨달음을 얻었고 미륵은 용화수 아래에서 깨달음을 얻으니, 이 역시 미륵이 미래에 석가모니를 재현하는 인물임을 의미한다 하겠다.

337쪽에 등장한 '용화수 아래의 반가사유상' 부분. 나무 밑동을 용이 둘둘 감싸고 있으니 말 그대로 용(龍)과 나무가 결합된 용화수(龍華樹)다.

다만 단독 반가사유상에 대해 북제에서 태자상(太子像), 태자사유상(太子思惟像), 사유상(思惟像) 등의 이름을 붙인 것은 왜일까? 설마 북위 때처럼 미륵이 아닌 석가모니의 태자 시절을 묘사했던 것일까? 북제 시절 불교 조각은 복잡하게 세계관이 얽혀 다양한 방식으로 표현되고 있었는데, 개인적으로는 한때 태자 신분이었던 석가모니처럼 미륵 역시 앞으로 태자 신분으로 등장함을 암시하는 표현이 아닐까 싶다. 무엇보다 북위의 '왕즉불' 영향에 따라 북위의 뒤를 이은 북제 역시 새로운 부처가 될 미륵을 가능한 한 현재의 전륜성왕인 황제와 연결시키려는 작업에 몰두했기 때문. 즉, 전륜성왕의 핏줄 또는 전륜성왕을 거쳐 환생한 이가 미륵, 즉 부처가 된다는 사상이 그것이다.

이렇듯 끊임없는 전쟁과 다툼 속에서 괴로움을 겪던 중생들은 미륵불이 먼 미래가 아닌 당장 이 땅에 등장하기를 기원할 수밖에 없었으며, 이를 위해서는 우선 위대한 전륜성왕이 세상을 불국토로 만드는 과정이 필요했다. 이런 사회 분위기에 맞추어 6세기 들어와 《미륵 하생경》에 따른 전륜성왕 사상이 소위 정치적 행위로 구체화되면서 점차 반가사유상이 미륵을 상징하는 단독 불상이자 주인공으로 등장하게 된 것이다.

10

다시 국보 반가사유상

서울에 집중된 금동반가사유상

이제 휴식을 끝내고 의자에서 일어나 다시 3층 불교조각실로 가볼까? 전시실에 도착하면 아까 본 고구려의 '연가7년명 금동여래입상' 앞쪽으로 한반도에서 출토된 작은 크기의 금동반가사유상이 쭉 전시되어 있으니, 이를 살펴보자. 잠깐. 그런데 여기에서도 쓴소리를 하나 하자면.

국립중앙박물관에는 현재 2층 '사유의 방'에 전시 중인 각기 82cm, 93.5cm의 국보 금동반가사유상 2점 외에도 20~30cm 정도 크기의 금동반가사유상을 여러 점 소장하여 전시 중이다. 문제는 이들 금동반가사유상의 경우 한반도 전국에서 A급만 골라 모았기에, 서울과 달리 지방 박물관에서는 수준급 금

국립중앙박물관 불교조각실
에 전시 중인 금동반가사유상
들. ⓒPark Jongnoo

동반가사유상을 거의 만나 볼 수 없다는 점. 오죽하면 국립경주박물관에도 경주 성건동에서 출토된 금동반가사유상을 포함하여 작은 크기의 금동 4점만 존재하며, 국립대구박물관에 15cm의 금동반가사유상이 2점 정도 있는 듯하다. 즉, 유독 작거나 부서지거나 깨진 형태의 반가사유상만 지방에 있는 게 현실이다.

좀 많이 심각하다는 느낌. 솔직히 한국을 대표하는 국보 금동반가사유상 2점을 함께 전시한 이번 국립중앙박물관 2층 '사유의 방' 역시 훌륭한 전시 기법 덕분에 감상할 때는 기쁜 마음이 들었지만…. 한편으로는 삼국 시대를 대표하는 최고급 국보 금동반가사유상을 서울이 2점이나 독점하고 있는 모습이 무겁고 불편하게 다가왔다.

사실 두 국보 금동반가사유상 모두 경주와 영주 등 경상도 지역에 있다가 일제 강점기에 서울로 옮겨진 것인데, 그 뒤로 서울에서 소장하는 것이 당연시돼버렸거든. 만일 전쟁이라도 나서 서울에 미사일이 떨어지면 대부분의 주요 유물을 서울에 집중시킨 현 상황에서는 동산 형태의 국보, 보물 중 거의 60~70%가 사라질 텐데. 이번 금동반가사유상의 예처럼 대부분의 A급 유물을 서울에 집중시키는 것이 과연 먼 미래까지 안전하게 유물을 보존하는 방법이 될 수 있을까?

조선 시대에《조선왕조실록》을 평화 시기에 미리 여러 지역에 배분해둠으로써 임진왜란으로 수도를 포함한 전 국토가 참화를 경험했음에도 그 역사가 살아남았다는 것을 인식하면 좋겠다. 특히 한반도는 대륙과 해양 세력이 부딪치는 지정학적 위치에 있다. 따라서 오랜 평화가 유지되다가도 한 번 큰 일이 벌어지면 유물과 기록이 싹 쓸려갈 수도 있다는 점을 늘 염두에 두어야 한다.

삼국 시대를 대표하는 최고의 국보 작품을 오직 우리 세대만 볼 것은 아니지 않은가? 1300여 년 전 작품을 볼 수 있는 우리처럼 1300년 뒤의 후손들도 볼 수 있게 만드는 것이 우리가 가져야 할 마음가짐이라 할 때, 유일무이한 국보 금동반가사유상 2점 중 1점은 가까운 시일 내 지방 국립박물관으로 보내주면 좋겠군. 그 외에 20~30cm 정도 크기의 금동반가사유상 역시 출토 지역이 확실한 작품은 가능한 한 해당 지역 박물관으로 보내고 말이지. 그 대신 이곳에는 앞서 이야기한 인도, 중국 불상을 적극 구입, 배치하여 세계사 속 한국 역사의 흐름을 이야기하면 충분할 것이다. 집중과 욕심도 너무 과하면 좋게 안 보인다.

한반도 내 미륵 등장

　지금까지 보았듯 중국에서 6세기 중후반 들어와 반가사유상이 미륵을 대표하는 디자인으로 만들어졌던 만큼 한반도 역시 그 영향을 받아 반가사유상을 미륵으로 표현했다. 그런데 고구려 영역은 북한에 있었기 때문에 자세히 알 수 없지만, 어쨌든 백제와 신라의 영역이었던 한반도 남부에서는 5세기 후반 중국에서 크게 유행하던 X자로 다리를 꼰 형태의 교각상(交脚像) 미륵이 거의 보이지 않는다. 아무래도 한반도 남부의 경우 불교 도입과는 별도로 미륵사상을 적극적으로 도입한 시기는 6세기 중후반 이후라 그런 것일지도 모르겠군.

　다만 '중원 고구려비' 근처에 위치한 '충주 봉황

충주 봉황리 마애불상군의 X자로 다리를 꼰 교각상.

리 마애불상군(忠州 鳳凰里 磨崖佛像群)'이라는 유
적지를 가면 한반도 남부에서 거의 볼 수 없던 X자
로 다리를 꼬고 있는 부처가 돌에 새겨져 있어 주목
받고 있다. 특히 X자로 다리를 꼰 교각상은 5세기
북위에서 크게 유행한 미륵 디자인이고, 7세기 수나

라, 당나라에서도 꾸준히 제작되었지만 그 절대적 숫자는 시간이 흐를수록 크게 줄어든다. 그래서 X자로 다리를 꼰 충주 봉황리 마애불상에 대해 북위와 친밀한 관계를 유지한 고구려에 의해 제작되었다는 주장이 나오고 있나보다. 고구려가 한강 유역을 장악하던 시점이 바로 그것.

반면 '충주 봉황리 마애불상군'의 X자로 다리를 꼰 교각상과 20m 떨어진 암벽에는 여러 불교 조각이 새겨져 있는데, 이 역시 '충주 봉황리 마애불상군'에 포함된다. 그런데 이 중에 다름 아닌 반가사유상이 있어 주목을 받고 있다. 이에 대해서는 6세기 중후반 한강 유역을 장악한 신라에 의해 만들어진 것으로 추정하는 모양.

더 상세한 조사가 필요하겠지만 이처럼 '충주 봉황리 마애불상군'에 새겨진 5세기 후반 X자로 다리를 꼰 미륵과 6세기 중후반 반가사유상으로 표현된 미륵을 통해, 한반도에서 미륵 디자인이 시간의 흐름에 따라 어떻게 변화했는지를 제한적으로나마 확인할 수 있다.

그렇다면 한반도 역사 기록에 미륵상이 처음 등장한 것은 언제일까?

진지왕 대에 경주 흥륜사(興輪寺)에는 진자(眞

충주 봉황리 마애불상군의 X자로 다리를 꼰 교각상과 20m 떨어진 암벽의 여러 불교 조각상 가운데 반가사유상이 희미하게 보인다.

慈)라는 승려가 있었다. 그는 항상 사찰의 주불 미륵상(彌勒像) 앞에 나아가 소원을 말하길, "원컨대 우리 대성(大聖, 미륵)께서는 화랑으로 화하시어 세상에 출현하셔서 제가 항상 거룩하신 모습을 가까이 뵙고 받들어 시중들 수 있도록 하시옵소서."라고 하였다.

그의 정성스럽고 간절하게 기도하는 마음은 날이 갈수록 더욱 독실해졌다. 어느 날 밤 꿈에 한 승려가 그에게 말하기를, "그대가 웅천(熊川, 지금의 공주)의 수원사(水源寺)로 가면 미륵선화(彌勒仙花)를 볼 수 있을 것이다."라고 하였다.

진자는 꿈에서 깨자 놀라고 기뻐하며, 그 절을

찾아 열흘 동안의 행정을 한 걸음마다 한 번씩을 절하며 갔다. 수원사에 이르자 문 밖에 복스럽고 섬세하게 생긴 한 낭(郞, 도령)이 있었다. 그는 고운 눈매와 입맵시로 맞이해서 작은 문으로 인도하여 객실로 영접하였다. 진자는 한편으로 올라가면서 한편으로는 절을 하면서 말하기를, "그대는 나를 잘 모르면서 어찌하여 대접함이 이렇게도 은근한가?"라고 하였다. 낭이 말하기를, "저도 또한 경주 사람입니다. 스님께서 먼 곳에서 오심을 보고 위로를 드릴 뿐입니다."라고 하였다.

잠시 후 그는 문 밖으로 나갔는데, 간 곳을 알 수 없었다. 진자는 우연한 일이라고만 생각하고 그다지 이상하게 여기지 않았다. 다만 그 절의 승려들에게 지난밤의 꿈과 자신이 이곳에 온 뜻만을 이야기하고는 또 말하기를, "잠시 말석에서라도 몸을 붙여 미륵선화를 기다리고 싶은데, 어떻겠습니까?"라고 하였다.

절의 승려들은 그의 행동을 허황된 것으로 여기면서도 그의 은근하고 정성스러운 태도를 보고서 말하기를, "여기서 남쪽으로 가면 천산(千山)이 있는데, 예부터 현인과 철인이 살고 있어 명감(冥感)이 많다고 합니다. 어찌 그곳으로 가지 않겠습니까?"라고 하였다.

진자가 그 말을 좇아 산 아래에 이르니, 산신령이 노인으로 변하여 나와서 맞으면서 말하기를, "여기에는 무슨 일로 왔소?"라고 하였다. 대답하기를, "미륵선화를 뵙고자 합니다."라고 하였다.

노인이 말하기를, "지난번 수원사 문 밖에서 이미 미륵선화를 뵈었는데, 또다시 와서 무엇을 구한다는 말인가?"라고 하였다. 진자는 그 말을 듣고 깜짝 놀라 곧장 달려서 경주의 흥륜사로 돌아왔다. 한 달 정도 후에 진지왕이 그 소식을 듣고 진자를 불러 그 연유를 묻고 말하기를, "낭이 스스로 경주 사람이라고 하였다면, 성인은 거짓말을 하지 않는데, 왜 성 안을 찾아보지 않았소?"라고 하였다.

진자는 왕의 뜻을 받들어 무리를 모아 두루 마을을 다니면서 찾았다. 한 소년이 있었는데, 화장을 곱게 하고 용모가 수려하였으며 경주 영묘사(靈妙寺) 동북쪽 길가 나무 밑에서 이리저리 돌아다니면서 놀고 있었다. 진자는 그를 보자 놀라면서 말하기를, "이분이 미륵선화다."라고 하였다. 이에 다가가서 묻기를, "낭의 집은 어디에 있으며, 성은 무엇인지 듣고 싶습니다."라고 하였다. 낭이 대답하기를, "내 이름은 미시(未尸)입니다. 어릴 때 부모님이 다 돌아가셔서 성은 무엇인지 알지 못합니다."라고 하였다. 이에 그를 가마에 태우고 들어가

서 왕에게 뵈었더니, 왕은 그를 존경하고 사랑하여
받들어 화랑의 국선으로 삼았다.

《삼국유사》탑상 미륵선화 · 미시랑 · 진자 스님(塔像 彌勒仙花 ·
未尸郞 · 眞慈師)

진지왕(眞智王, 재위 576~579년)은 진흥왕의 둘
째 아들로, 태자인 형이 일찍 죽어 왕위에 오를 수
있었다. 하지만 곧 폐위되어 태자의 아들이 왕위에
오르니 그가 진평왕이다. 그런데 진지왕이 신라 왕
이던 시절 경주 흥륜사(興輪寺)에는 미륵상이 사찰
의 주요 불상으로 존재했으니, 이것이 바로 역사 기
록에 등장하는 미륵상의 최초 예라 하겠다.

그렇다면 이 미륵상은 과연 어떤 디자인이었을
까? 안타깝게도 그 묘사는 남아 있지 않으나 6세기
후반이라는 시대상을 볼 때 반가사유상 형태였을
가능성이 매우 높아 보이는군. 즉, 현재 국립중앙박
물관에서 만날 수 있는 금동반가사유상과 유사한
형태였을 것이다.

그런데 《삼국유사》의 이번 미륵 이야기를 살펴보
니, 한반도로 넘어온 미륵 사상에 새로운 스토리텔
링이 하나 더 더해졌음을 확인할 수 있다. 바로 '화
랑과 미륵'의 결합이 그것이다. 더 자세한 이야기는
다음 챕터에서.

전륜성왕의 불국토

    불경에 따르면 미래의 부처인 미륵이 이 세상에 내려올 시기는 다름 아닌 전륜성왕이 통치하는 시점이다. 이 내용을 바탕으로 남조의 양 무제(梁武帝, 재위 502~549년)는 정치적 행동으로 살아 있는 전륜성왕의 모습을 중국에서 선보였다. 자신의 나라에서 미륵이 등장할 것이라는 의도를 여실히 보여준 것이다.

    그리고 양 무제가 죽은 후 북제의 문선제(文宣帝, 재위 550~559년)는 이를 한층 더 발전시켜 자신을 전륜성왕으로 포장했으니, 심지어 북제의 황실을 금륜(金輪)과 연결시켰으며 더 나아가 찰제리종(刹帝利種)이라 불릴 정도였다. 또한 이 당시 북제는 북위의 왕즉불 사상과 남조의 전륜성왕 사상에 영향을 받아 앞으로 등장할 미륵과 황제가 혼합되는 과정까지 보여준다.

잠깐, 여기서 금륜은 무엇이고 찰제리종은 무엇일까?

전륜성왕은 철륜왕, 동륜왕, 은륜왕, 금륜왕으로 격이 점차 높아지는데, 당연히 철→동→은→금 순이다. 그리고 금륜왕은 4개국, 은륜왕은 3개국, 동륜왕은 2개국, 철륜왕은 1개국을 다스린다고 전한다. 우연인지 필연인지 몰라도 당시 중요 위세품을 서열에 따라 부여할 때의 기준과 무척 유사하군. 이 중 북제의 황제는 금륜과 연결한 만큼 이는 곧 최고의 전륜성왕이라는 의미라 하겠다.

다음으로 찰제리종은 인도의 세습적 계급 제도인 카스트에서 두 번째 지위인 왕족과 무사 계급, 즉 크샤트리아를 한자로 번역한 것이다. 그런데 다름 아닌 석가모니가 인도의 태자 출신, 즉 왕족이므로 찰제리종이다. 따라서 이는 곧 찰제리종과 연결시킨 북제의 황실은 석가모니의 후예라는 의미를 지니고 있었다.

이로써 북제의 황실을 석가모니의 혈통을 지닌 찰제리종이자 황제는 최고의 전륜성왕으로서 금륜으로 포장했음을 알 수 있다. 그 결과 황실과 연결된 미륵이 곧 등장할 것이라 믿었던 것이다. 그런데 이를 한

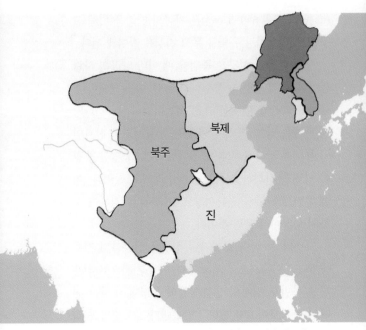

진흥왕의 한강 유역 진출 시대 지도. 이후 신라는 북제와 적극적으로 교류하였다.

층 더 강화시킨 모습을 신라 왕실에서 만날 수 있다.

한편 한반도 남부에서 백제와 신라는 나제 동맹을 통해 협력하여 551년, 강력했던 고구려를 드디어 한강 유역에서 쫓아낸다. 하지만 두 국가는 고구려를 두고는 협력했으나 가야를 비롯한 한반도 남부 통치를 두고는 경쟁하는 관계이기도 했다. 결국 백제의 성왕(聖王, 재위 523~554년)과 신라의 진흥왕

(眞興王, 재위 540~576년)은 자국의 발전을 위해 고구려가 빠진 한강 유역을 두고 전쟁을 벌이게 된다.

당시 백제의 성왕은 즉위할 때 이미 나라의 사람들이 성왕(聖王)이라 불렀다고 하니, 이는 역시나 전륜성왕(轉輪聖王)에서 따온 이름이었다. 실제로 당시 백제는 남조, 특히 살아 있는 전륜성왕을 선보인 양 무제와 남다른 교류를 이어갔기에, 그 영향을 받아 왕권을 강화하고 국력을 상승시키고 있었다. 이에 한반도 남부의 전륜성왕으로서 자리매김하기 위하여 성왕이라 불린 것이다.

그러나 큰 꿈을 그려가던 성왕은 신라와의 전투 중 554년 비극적으로 전사했고, 이를 기점으로 진흥왕은 한반도 남부의 전륜성왕이 등장할 국가는 신라임을 선보이고자 했다. 이에 대가야가 멸망한 직후인 564년 북제에 사신을 파견하게 되니, 이 시점부터 적극적으로 북제 황실이 이룩한 전륜성왕 시스템을 받아들였다.

그 결과 진흥왕의 첫째 아들의 경우 동륜(銅輪)이라 이름 짓고 566년 태자로 삼았으며, 태자의 아들은 백정(白淨), 그의 부인은 마야(摩耶)라 이름을 짓는다. 여기서 동륜은 전륜성왕 중 세 번째 서열인 동륜왕을 의미하며, 동륜이 2개국을 다스린다고 하니 당시 신라가 막 가야를 통합하여 '신라-가야' 연합

체를 이룬 것과 연결된다. 또한 중국을 통치하는 북제가 자신들의 황제를 금륜이라 부른 만큼 신라의 태자에게 동륜이라는 이름을 붙인 것도 얼핏 이해가 되는군. 나름 신라의 국력에 맞추어 고민하여 이름을 붙인 것이다.

그런데 진흥왕이 자신의 손자에게 백정, 손자의 부인에게는 마야라는 이름을 준 것은 어찌 해석해야 할까? 사실 백정은 놀랍게도 석가모니의 아버지 이름이며, 마야는 석가모니의 어머니 이름이다. 그렇다. 이는 곧 인도 왕자였던 석가모니의 탄생이 한 치의 오차도 없이 신라 왕실에서 다시금 일어날 것임을 보여주는 상징적 이름이라 하겠다.

이렇듯 진흥왕은 태자인 동륜이 한반도 남부의 전륜성왕이 되고 손자 대에서는 새로운 석가모니가 탄생될 왕실 기반을 만든 후, 증손자 대에서는 드디어 석가모니가 신라 왕실에서 탄생할 것이라는 놀라운 스토리텔링을 구성했다. 이는 신라 왕실이 석가모니와 동일한 찰제리종이자 완벽한 재현임을 뜻하며, 이를 위해 진흥왕의 손자인 진평왕은 태어날 때부터 이미 결혼할 짝이 약속되어 있었을 것이다.

너희 국왕(선덕여왕)은 천축의 찰제리종(刹帝利種)의 왕으로서 이미 불기(佛記)를 받았기 때문에

특별히 인연이 있어 동이(東夷) 일반 종족과는 같
지 않다.

《삼국유사》 탑상 황룡사의 구층탑

문제는 태자 동륜의 손자로는 진평왕의 딸인 선
덕여왕(善德女王, 재위 632~647년)을 포함하여 여성
만 태어났기에, 자신의 핏줄에서 새로운 석가모니가
등장할 것이라는 진흥왕의 믿음은 완벽히 깨지고
말았다. 하지만 그럼에도 불구하고 진흥왕의 증손
자인 선덕여왕 역시 석가모니의 혈통을 상징하는
찰제리종이라 불렸으니, 오랜 기간 그 믿음이 이어
졌음을 보여준다.

이렇듯 미륵이 아닌 아예 석가모니의 탄생이 신
라 왕실에서 재현될 것이라는 각별한 믿음이 구성
되면서 불경에 등장하는 미래의 부처인 미륵과는
연결점이 점차 약화되기에 이른다. 본래 전륜성왕
이 다스리는 불국토에 등장하는 것이 미륵의 모습
인데 말이지. 그 결과 신라에서 미륵은 격이 하나 떨
어져 색다른 임무를 지니게 되었으니, 그것은 다름
아닌 화랑과의 연결이었다.

앞서 본 《삼국유사》 탑상 미륵선화 · 미시랑 ·
진자 스님(塔像 彌勒仙花 · 未尸郞 · 眞慈師)'에서
진자 스님은 미륵이 화랑으로 등장하여 자신이 모

시기를 바라며 기도하고 있었다. 이에 미륵을 만나기 위해 백제 영토인 공주(公州)의 수원사(水源寺)까지 기도를 하며 이동했으며, 결국 신비한 경험 끝에 경주에서 소년 모습을 한 미륵을 발견하여 왕에게 소개한다. 이에 신라 왕은 미륵을 화랑의 우두머리로 삼았으니, 이처럼 본래 미래의 부처가 될 인물이 신라에서는 오히려 신라 왕을 도와 불국토를 구축하는 데 도움을 주는 인물이 된 것이다.

그뿐만 아니라 김유신(金庾信, 595~673년)은 7세기 초반인 화랑 시절에 그를 따르는 낭도들과 함께 용화향도(龍華香徒)를 구성했으니, 이는 용화수 즉 미륵을 뜻하는 모임이었다. 또한 김유신과 더불어 삼국 통일 시점에 크게 활약했던 죽지(竹旨)는 부모가 한 승려의 무덤에 돌로 조각한 미륵을 조성한 후 태어났으며 역시나 화랑 출신이었다.

이처럼 '화랑 = 미륵' 이라는 개념은 신라에서 보여준 독창적인 미륵 해석이었다. 마침 이 시기는 진흥왕이 백제를 꺾고 한강 유역 및 가야를 장악한 뒤부터 본래 석가모니로 탄생할 계획이었던 선덕여왕 시대까지였으니, 6세기 중반부터 7세기 중반까지가 그 시기라 할 것이다. 즉, 신라에서 미륵상이 주로 만들어진 시기 역시 이르면 6세기 중반부터 늦어도 7세기 중반이라는 의미.

다시 '사유의 방'으로

자, 이제 다시 '사유의 방'으로 이동해볼까. 3층
복도로 나와 앞쪽으로 이동한 후 계단을 따라 2층으
로 내려가면 만날 수 있다. 오늘 한참 서서 박물관
구경을 해서 그런지 점차 다리가 아파오기 시작하
네. 어서 움직여 마지막 정리를 끝내고 집으로 가야
지.

'사유의 방'으로 들어서자 여전히 사람들로 북적
북적하다. 삼국 시대를 대표하는 최고의 국보인 반
가사유상을 무려 2점이나 배치한 공간인 만큼 해당
공간이 유지되는 동안 이처럼 흥행이 계속 이어지
면 좋겠군. 이렇듯 다시금 반가사유상을 만나니 겨
우 2시간 전쯤 보았음에도 매번 새로운 느낌으로 아

름답다. 아무리 보아도 국립중앙박물관의 그 어떤 작품과도 비교하기 힘들 만큼 엄청난 에너지를 지닌 작품이야. 암.

아, 참~ 잊었을지도 모르니 다시 언급해볼까 한다. 이번 박물관 여행에서는 기존의 국보 78호 반가사유상은 '탑형보관 반가사유상'이고 기존의 국보 83호 반가사유상은 '삼산관 반가사유상'이라 명칭을 붙였었다. 국보에 지정 번호를 부여했던 제도가 얼마 전 폐지되었기에, 두 반가사유상 각각의 특징을 잡아 나름 이름을 정해보았거든. 물론 해당 이름은 내가 멋대로 붙인 것은 아니고 실제 학계에서 국보 지정 번호 외에 주로 부르던 명칭이기도 하다.

지금까지 쭉 살펴보았듯이 청동기 문화가 발전하고 북방에서 남방으로 금 문화가 서서히 도입되면서, 5세기 들어와 한반도 전역에서 '청동 + 금' 문화가 크게 번성했다. 즉, 청동으로 만들어진 작품에 금을 입히는 방식이 바로 그것. 그 과정 중 마침 불교문화가 적극적으로 유입되자 점차 금동불상이 만들어졌고, 6세기 중후반부터는 미륵 사상의 영향에 따라 매우 복잡한 디자인을 지닌 반가사유상마저 금동으로 제작되기에 이른다. 특히 국보 금동반가사유상은 동시대 중국에서도 만나기 힘들 정도로 완벽한 미감을 지닌 금동불인 만큼, 한반도의 기술적 성장과 이를 뒷받침할 만한 종교적 열의 역시 동시대 최고 수준임을 보여주는 증거이기도 하다.

당연히 삼국 시대 우리의 선조들은 지금의 우리들 이상으로 자신들이 제작한 반가사유상을 보며 엄청난 자부심을 가졌을 듯한데…. 이 위대한 작품을 만든 과정까지 살펴보느라 2시간 동안 구석기 시대부터 삼국 시대까지 마치 타임머신을 타고 여행하듯 박물관을 구경해보았지.

한편 전체적인 디자인을 바탕으로 학계에서는 보통 '탑형보관 반가사유상'은 중국 동위(東魏, 534~550년) 불상 디자인의 영향을 받아 6세기 중후반쯤 제작되었고, '삼산관 반가사유상'은 중국 북제(北齊, 550~577년) 불상 디자인의 영향을 받아 7세기 초반쯤 제작된 것으로 추정한다. 그러나 이는 디자인 측면을 바탕으로 추정한 것에 불과하며, 이보다 더 정확한 제작 시점을 파악한다는 것은 사실상 불가능에 가깝다. 불상에 제작 시기가 새겨져 있는 것이 아니어서 말이지. 물론 앞서 당시 한반도 내 미륵 사상 도입과 같은 역사적 흐름을 볼 때 두 반가사유상이 6세기 중반부터 7세기 초중반까지 제작된 것은 분명하다.

그렇다면 두 국보 반가사유상의 제작지는 과연 어디일까? 근대에 '탑형보관 반가사유상'은 경상북도 영주에서, '삼산관 반가사유상'은 경상북도 경주에서 발견된 것으로 알려진 만큼 단순히 보면 둘 다 신라 것으로 볼 만한데, 학계의 의견은 또 그건 아닌가보다.

우선 국보 83호라 불렸던 '삼산관 반가사유상'의 경우,

1. 경주 황룡사의 조사 과정에서 반원 3개를 이어 표현한 머리 모양, 즉 마치 둥근 산 3개를 붙인 형태인 삼산관(三山冠)을 쓰고 있는 반가사유상 머리 부분이 발견되었고,

2. 거의 쌍둥이처럼 닮아 있는 삼산관을 쓰고 있는 일본 고류지(廣隆寺, 광륭사) 목조 미륵 반가사유상을 623년 신라에서 보냈다는 불상 기록과 연결시켜

신라의 것으로 학계 대부분이 보고 있다. 내가 보아도 방금 언급한 것 외의 여러 다른 증거를 통해 거의 100%에 가깝게 신라 것이 틀림없어 보인다. 혹시 모르니까 99.9998%라 하자. 게다가 해당 불상을 경주에서 발견했을 정도니까.

문제는 국보 78호라 불렸던 '탑형보관 반가사유상'이다. 화려한 보관을 쓰고 있는 이 반가사유상에

대해서는 정말 견해가 분분한데, 크게는 백제 설과 신라 설로 나뉘며 그 외의 소수 주장으로는 고구려 설까지 있을 정도니까. 하지만 이처럼 여러 의논은 있으나 제작지에 대해 80% 가까이 합치할 만한 결론은 여전히 쉽지 않아 보인다. 혹시 시일이 지나 '탑형보관 반가사유상'과 연결할 만한 출토품이 한반도 내에 등장한다면 다시금 구체적 제작지가 언급되지 않을까싶군.

그렇다면 내 개인적인 의견은? 우선 백제 반가사유상으로는 1) 충청남도 서산 마애삼존불로 유명한 서산 용현리 마애여래삼존상(瑞山 龍賢里 磨崖如來三尊像) 중 하나가 있고, 2) 충청남도 부여군에서 출토된 활석제 반가사유상(본관 14788)이 있다. 이 중 서산 마애삼존불의 반가사유상은 화려한 보관을 쓰고 있으며, 그 외에도 디자인이 전체적으로 '탑형보관 반가사유상'과 닮아 보이는 부분이 분명 존재한다. 반면 활석제 반가사유상은 몸 아래 부분만 남아 있어 아쉽지만, U자 모양의 얇은 선으로 묘사한 대좌와 옷 주름이 얼핏 '탑형보관 반가사유상'의 옷 주름 묘사와 유사하다. 하지만 이 정도 내용으로 '백제가 제작한 것이다'라 확정하여 연결시키기는 쉽지 않아 보인다.

또한 5~6세기 초반 시점 금동 세공품을 제작하는

기술은 백제가 신라보다 분명 우위에 있었기에 '탑형보관 반가사유상'을 백제 것으로 보는 경향도 있다. 앞서 박물관을 돌며 살펴보았듯 5~6세기 초반 고분 출토 부장품의 내용을 보면, 양은 신라였으나 질은 백제였기 때문. 즉, 6세기 중후반 만들어진 금동반가사유상인 만큼 약 30~50년이라는 짧은 시간 내에는 신라가 따라오기 힘든 기술적 성취로 보는 것이다.

그러나 반드시 그렇다고 확신할 수는 없다. 사실 신라의 경우 5~6세기 초반 유물까지는 경주 고분 출토품을 통해 당시 금동 세공품 제작 실력을 어느 정도 파악할 수 있다. 하지만 6세기 중후반 내용은 고분 등의 출토 내용이 부족하여 구체적으로 어떤 성장 과정을 보였는지 추적하기 쉽지 않기 때문이다. 즉, 그 사이에 신라 역시 충분한 기술적 성장을 빠르게 이룩하여 백제 못지않은 금동 제작 기술을 확보했을 가능성도 있다.

그뿐 아니라 기록으로 가장 빠른 시점 등장하는 미륵상의 경우, 앞서 보았듯 《삼국유사》 탑상 미륵선화 · 미시랑 · 진자 스님' 이야기의 신라 진지왕(眞智王, 재위 576~579년) 시절이다. 그런데 이 이야기 속 6세기 후반 미륵불이 등장한 흥륜사는 신라 최초의 사찰이자, 544년 진흥왕 때 큰 규모로 증축

서산 용현리 마애여래삼존상. 오른쪽으로 반가사유상이 보인다.

충청남도 부여군에서 출토된 활석제 반가사유상(본관 14788).

된 상징성 있는 장소였다. 더군다나 진흥왕이 만년에 스스로 삭발하여 법운(法雲)이라는 법명(法名)을 받고 왕의 신분으로 승려가 되어 흥륜사 주지가 되었을 정도였다.

그런 의미 있는 사찰에 미륵상이 존재하기 시작한 시점은 최소한 진흥왕이 백제를 꺾고 한강 유역을 장악하면서 전륜성왕 의식을 고조시킬 때와 연결할 수 있겠지. 즉, 백제 성왕이 신라군에 의해 목숨을 잃은 554년 이후가 그것이다. 이는 곧 디자인상 '탑형보관 반가사유상' 이 제작된 것으로 추정하는 시점과 유사하다. 상황이 이와 같으니, 국가적 역량을 다해 높은 수준의 반가사유상을 경주 흥륜사를 포함하여 여러 지역에 배치하기 위해 신라에서 제작했을 가능성도 충분히 있다.

고구려 제작 설은 '탑형보관 반가사유상' 의 발견지역이 경상북도 영주라는 점을 주목한다. 당시 경상북도 영주는 신라가 소백산맥을 넘어 한강 유역으로 이동할 때 중요 길목에 위치했으며, 그런 만큼 오래전부터 고구려 영향으로 불교문화가 빠르게 들어온 장소였다. 심지어 소백산맥을 넘어 도착하는 충주 봉황리 마애불상군 중에도 반가사유상이 조각되어 있을 정도니까.

즉, 충주, 영주 등은 5세기 고구려 영향 아래 6세

국보 118호로 불리던 금동반가사유상.

기 신라 영역이 된 이후에도 일찍부터 불교문화가 강한 지역으로 남아 있었던 것. 그런 만큼 '탑형보관 반가사유상' 역시 551년에 한강 유역을 뺏기기 전 고구려의 영향으로 제작되었을 가능성도 있다. 물론 개인적으로 볼 때 백제 설, 신라 설보다는 약한 의견이다. 왜냐하면 이를 뒷받침할 만한 고구려 출토 반가사유상이 거의 존재하지 않기 때문. 국보 118호로 불리던 금동반가사유상이 그나마 고구려 평양에서 출토된 불상이라 전해지고 있다.

이처럼 쭉 정리해본 결과, 솔직히 난 잘 모르겠다. 심정은 80% 이상 신라 것으로 강하게 느껴지는데, 백제 것이라는 학자들의 글을 읽어보면 또 그런 것 같기도 하고. 어렵다. 어려워. 이 문제는 그냥 다음에 연결 고리가 될 만한 출토품이 새로 발견되면 다시 생각해보기로 하자.

사찰에 모셔진 반가사유상

　'사유의 방'에서 반가사유상을 한참 감상하다보니, 갑자기 이런 생각이 든다. 삼국 시대에는 과연 어떤 형식으로 반가사유상이 존재했을까? 그러니까 사찰 안에서 불교의 세계관을 펼치며 종교 경배를 위한 불상으로서 말이지.

　현재는 반가사유상 2점이 '사유의 방'에 위치하고 있으나, 이와 같은 모습은 사실 불교 세계관과는 전혀 맞지 않다. 왜냐하면 이 2점의 반가사유상은 그 제작 시기에 부여된 사상을 미루어 볼 때, 단순한 수행자의 모습이 아닌 오직 한 분의 미륵이 이 땅에 내려와 용화수 아래에서 깨달음을 얻는 순간을 묘사한 작품이기 때문. 그렇다면 국립중앙박물관 전시 방식에 따르면 미륵 두 분이 이 땅에 등장하는 묘한 상황이 연출되고 있는 것이다. 한번 생각해보자. 두 개의 태양이 과연 한 하늘에 등장할 수 있을까? 마치 그런 상황이라 느끼면 이해될 듯.

반면 '사유의 방'에 두 반가사유상을 따로 전시하기 전에는 국립중앙박물관 3층 불교조각실에서 한 점씩 교체 전시했는데, 이러한 전시 방식이 오히려 불교 세계관과 어울린다고 하겠다. 유물 보호 이외에도 오래전부터 반가사유상을 하나씩 교체하며 공개하던 이유가 다 있었던 것.

또한 붉은 황토색의 신묘한 공간은 이상적인 분위기를 잘 연출하고 있지만, 이 역시 전시 자체의 아름다움은 별개로 종교적 의미를 부여하기는 힘들다. 사실 박물관 입장에서는 종교 색을 가능한 한 빼고 작품 그 자체를 강조하기 위한 전시 방식을 택한 것일 테니 충분히 이해는 된다.

그렇다면 삼국 시대에는 과연 어떠했을까? 두 반가사유상은 현재까지 남아 있는 삼국 시대 금동불 치고 꽤 큰 편이다. 우선 국보 78호라 불렸던 '탑형 보관 반가사유상'은 82cm이고, 국보 83호라 불렸던 '삼산관 반가사유상'은 93.5cm로 세계에 남아 있는 금동반가사유상 중 가장 큰 크기다. 이에 두 반가사유상 모두 독립상이자 미륵이라는 주인공으로서 경배된 것으로 보통 추정하고 있다.

　반면 큰 크기임에도 불구하고 협시보살로 사용되었을 가능성도 충분히 있다. 협시란 부처 양옆에 보좌하듯 등장하는 보살을 의미하는데, 삼존불이 그 대표적인 경우다. 특히 백제가 제작한 충청남도 서산 마애삼존불에서는 협시로 등장한 미륵불의 모습을 잘 보여준다.

　1959년 부여 박물관장이었던 홍사준(洪思俊)이 소문의 불상을 찾으러 갔다가, "부처님은 못 보았고 좌우에 본처와 첩을 거느린 산신령은 보았시유."라는 나무꾼 말을 듣고는 그에게 길을 물어 드디어 서산 마애삼존불을 발견했다고 한다. 그 결과 1962년, 국보로 지정된다. 소위 '백제의 미소'라 불리는 6세기 말에서 7세기 초 불상이 그것.

　그런데 이 조각상에서 반가사유상은 주인공이 아니다. 가운데에는 부처가 있고 양옆에는 보살 둘이 위치했는데 이들 보살 중 하나가 다름 아닌 반가사유상이기 때문이다. 이는 곧 반가사유상이 협시보살로 조각되었음을 의미한다.

　해당 삼존불은 학계의 연구 결과, 불교《법화경》교리에 따라 중앙의 부처는 석가모니이고 왼쪽의 서 있는 보살은 제화갈라보살, 오른쪽의 반가사유상은 미륵보살로 보고 있다. 이 중 제화갈라보살은 과거불인 연등불(燃燈佛)이 부처가 되기 전의 모습이고 미륵보살은 미래불이니, 현세불인 석가모니 좌우에 각각 과거와 미래의 부처님을 모신 것.

이와 같은 디자인을 과연 이처럼 돌로만 조각했을까? 아닐 것이다. 분명 동시대 한반도의 여러 절 중 과거, 현재, 미래 부처를 함께 모시는 사찰이 하나 이상 존재했기에, 이를 바탕으로 서산에도 같은 도안의 조각이 만들어졌을 테니까. 이는 곧 금동삼존불 형식이라면 반가사유상 역시 금동으로 제작되어 협시보살로 사용되었을 가능성을 보여준다.

반면 반가사유상이 미륵으로서 독자적 불상으로 존재했던 경우로는 신라 경주의 흥륜사에 미륵상이 주 불상으로 존재했다는 기록이 있으며, 경주의 황룡사 역시 진흥왕에 의해 처음 건설될 당시에는 미륵이 주 불상이라 주장하는 학자가 있다. 이 시점은 마침 미륵이 반가사유상으로 널리 조각될 시기였으니, 그렇다면 금동불로 조각된 반가사유상 역시 독자적으로 사찰 주요 건물에서 숭배의 대상으로 모셔졌을 것이다. 처음 도입될 당시 형식을 잘 유지하고 있는 일본의 사찰 중에는 반가사유상 하나를 독자적으로 모신 곳이 여전히 여럿 존재한다. 즉, 삼국시대 반가사유상 모습 역시 이와 유사하게 추정해볼 수 있겠다.

하지만 미륵의 세계관을 완벽히 표현한 사찰은 따로 존재하니, 바로 백제의 미륵사가 그것. 백제의 무왕(武王, 재위 600~641년)은 성왕이 죽고 난 후 큰 혼란을 겪던 백제를 다시금 강국으로 부활시킨 인물이자, 특히 신라와의 격전을 통해 가야 영역 상당 부분을 백제의 영향력 아래 두는 큰 성공을 이룩했다. 동시대 신라의 선덕여왕이 진흥왕의 계획에 따르면 부처로 태어날 운명이었으나 여성의 굴레로 한계를 느낄 때, 무왕은 백제 왕실의 방계 핏줄에서 왕이 되었음에도 신라를 군사적으로 압박하는 데 성공했으니까.

　　이에 무왕은 미륵사를 크게 건설함으로써 다시금 전륜성왕 의식을 되새기게 된다. 한반도 남부를 통치하는 전륜성왕이 신라가 아닌 백제에서 등장했음을 알리고, 미래에 등장할 부처인 미륵 역시 백제 땅에서 등장할 것임을 알리는 것이 그 중요한 목표였다.

백제 미륵사의 미륵

어느 날 무왕이 부인과 함께 사자사에 가려고 용화산 밑의 큰 못가에 이르니 미륵삼존(彌勒三尊)이 못 가운데서 나타나므로 수레를 멈추고 절을 올렸다. 부인이 왕에게 말하기를 "모름지기 이곳에 큰 절을 지어주십시오. 그것이 제 소원입니다."라고 하였다. 왕은 그것을 허락하였다. 지명법사에게 가서 못을 메울 일을 물으니 신비스러운 힘으로 하룻밤 사이에 산을 무너뜨려 못을 메우고 평지를 만들었다. 이에 미륵 삼회(彌勒三會)의 모습을 본떠 전(殿)과 탑(塔)과 낭무(廊廡)를 각각 세 곳에 세우고, 절 이름을 미륵사(彌勒寺)라고 하였다.

《삼국유사》 기이 무왕 미륵사를 짓다

무왕은 왕비와 함께 용화산 아래를 방문했다가 미륵삼존불이 등장하자 그곳에 사찰을 만드니 이것이 바로 익산 미륵사. 지금은 옛 건물은 거의 다 사라지고 오직 국보로 지정된 미륵사지 석탑만이 과거의 영광을 지키고 있다. 그러나 과거에는 3탑, 즉 하나의 목탑과 2개의 석탑이 자리 잡고 있어, 앞서 진흥왕이 세운 신라의 황룡사와 비견될 만한 어마어마한 크기의 백제 사찰이었다.

그렇다면 왜 미륵사는 3탑 형식을 지녔던 것일까? 위의 《삼국유사》 기록에 이유가 담겨 있군. "미륵 삼회(彌勒三會)의 모습을 본떠 전(殿)과 탑(塔)과 낭무(廊廡)를 각각 세 곳에 세우고"가 바로 그것.

미륵은 불경에 따르면 용화수 아래에서 깨달음을 얻은 후 3번의 법회를 통해 282억 명을 깨닫게 만든다고 했다. 백제인들은 이것을 묘사하기 위해 아예 용화산이라 불리던 산 아래에다 미륵의 3회 법회를 상징하여 3개의 탑을 건설했던 것이다. 그리고 탑 뒤로는 각기 3개의 사찰 건물을 만들어 부처를 모셨으니, 당연히 이 자리에는 각각 미륵이 모셔졌을 테고. 다만 현재는 용화산을 미륵산이라 고쳐 부르고 있다.

자. 이렇듯 미륵사에는 미륵 조각이 3점 모셔졌

는데, 이들은 과연 어떤 디자인이었을까? 혹시 단독 형식의 반가사유상 모습이었을까? 이 역시 앞의《삼국유사》기록에 담겨 있군. "미륵삼존(彌勒三尊)이 못 가운데서 나타나므로"가 바로 그것.

그렇다. 미륵사에는 미륵삼존 형식의 불상이 존재했던 것이다. 여기서 미륵삼존이면 미륵이 중앙에 있고 양옆에 협시보살 두 명이 있는 형식이다. 이는 곧 미륵을 중심으로 그를 보좌하는 보살 둘이 함께하고 있었음을 알 수 있다. 그렇다면 반가사유상 형태로 미륵이 중앙에 있고 그 옆으로 보살 둘이 존재한 방식이었을까? 글쎄.

국립경주박물관에는 삼화령 석미륵삼존불상(三花嶺 石彌勒三尊佛像)이라 불리는 미륵 조각이 전시 중이다. 석미륵은 말 그대로 돌로 만든 미륵이라는 의미.

선덕여왕(善德女王) 때 생의(生義)라는 스님이 항상 도중사(道中寺)에 거주하였다. 하루는 꿈에 한 스님이 그를 데리고 남산으로 올라가 풀을 묶어서 표를 하더니, 산의 남쪽 마을에 이르러서 말하길, "내가 이곳에 묻혀 있으니 스님은 꺼내어 고개 위에 안치해주시오."라고 하였다.

꿈을 깬 후 친구와 더불어 표시해둔 곳을 찾아

삼화령 석미륵삼존불상(三花嶺 石彌勒三尊佛像) 중 석미륵.

그 골짜기에 이르러 땅을 파보니 석미륵(石彌勒)이
나오므로 삼화령(三花嶺)에 안치하였다. 선덕왕 13
년 갑진(甲辰, 644)년에 그곳에 절을 짓고 살았으니
후에 생의사(生義寺)라 이름하였다.

《삼국유사》 탑상 생의사석미륵(生義寺石彌勒)

선덕여왕 시절 한 스님이 꿈을 꾼 후 땅을 파보니
석미륵이 나와 안치하고 사찰을 지었으니 그때가
644년이다. 당연히 이 내용은 부처로 조각할 만한
훌륭한 모양의 돌이 나오자 이를 기념하여 등장한
꿈 이야기다. 그리고 그 돌을 잘 깎아 미륵상을 조각
했던 것. 그 과정에서 미륵과 협시보살 두 명이 함께
하는 삼존불이 구성되었으니, 이것을 현재 국립경주
박물관으로 옮겨 전시 중에 있다.

그런데 이 미륵 조각상을 보면 앉아 있는 미륵과
서 있는 보살 두 명을 확인할 수 있으며, 이때 미륵
은 X자로 다리를 꼬고 앉은 것이 아니라 다리를 11
자 형태로 하고 앉아 있다. 이는 곧 한반도에서 만날
수 있는 새로운 디자인의 미륵 조각임을 의미한다.

이러한 미륵 조각상은 서서히 중국에서 등장하
다가 특히 7세기 중국의 수나라, 당나라에 들어와
인기리에 조각되었으니, 미륵삼존불 형식 역시 당연
히 이에 포함된다. 11자 다리로 앉아 있는 미륵과 양

삼화령 석미륵삼존불상. 국립경주박물관.

옆에 서 있는 보살 두 명이 함께하고 있는 도상이 바로 그것이다. 도쿄국립박물관 아시아관에는 마침 당나라 석조 불상 조각이 있어 해당 도상을 확인할 수 있으니, 이 역시 인터넷으로 찾아보면 금방 나오지. 당연히 이와 같은 도상이 분명하게 드러나는 미륵 조각상을 국립중앙박물관도 해외 경매를 통해 한 점 이상 소장할 필요가 있겠다.

이처럼 중국에서는 5세기 후반 X자로 다리를 꼬고 있는 미륵→6세기 중후반 반가사유상 미륵→7

당나라 미륵삼존불상. 도쿄국립박물관.

세기 11자 다리로 앉아 있는 미륵 순으로 시간의 흐름에 따라 인기리에 더 많이 제작되던 미륵 디자인이 있었던 것이다. 이 과정에서 644년 신라는 당나라 디자인을 적극 받아들여 11자 다리로 앉아 있는 미륵이 조각되었으니, 이는 당연히 동시대 백제도 마찬가지였다. 즉, 639년 창건된 미륵사에 배치된 미륵삼존(彌勒三尊) 역시 당나라 영향에 따라 11자 다리로 앉아 있는 미륵과 협시보살 둘이 함께하는 조각일 가능성이 무척 높다는 의미.

상황이 이러하다면 7세기 중반쯤이 되면 한반도에서도 반가사유상 형태의 미륵 조각 역시 인기가 점차 사그라지고 있었을 것이다. 현재 '사유의 방'에서 만날 수 있는 반가사유상의 한계선을 보통 7세기 초중반으로 보는 것도 이 때문이다.

결국 6세기 중후반부터 7세기 초중반까지 한반도에서 제작된 반가사유상 형태의 미륵은 1) 사찰 건물 내 부처를 보좌하는 협시보살 역할을 하거나, 2) 사찰 건물 내 독자적인 불상으로서 한 점이 배치되기도 했다. 그러나 당시 한반도에서 만들어진 큰 크기의 수많은 금동미륵상 중 2점만이 운 좋게 지금까지 살아남아 우리 눈으로 볼 수 있네. 참으로 고마운 존재들이다.

시간과 공간을 넘는 만남

반가사유상을 계속 감상하면서 한편으로 이런 생각이 든다. 특히 신라 것이 분명한 국보 83호라 불렸던 '삼산관 반가사유상'은 93.5cm의 크기 덕분인지 무척 당당한 모습인데, 이런 느낌은 비단 지금뿐만 아니라 삼국 시대 사람들에게도 마찬가지였을 것이다.

물론 삼국 시대 왕실과 연결되던 경주의 흥륜사 등 미륵을 대표하는 사찰에는 이보다 큰 크기의 반가사유상이 금동으로 존재했을 가능성도 있지만, 지금은 사라져 안 보이니 어쩔 수 없군. 그런데 이러한 미륵상을 향해 기도하고 수행하는 이들 중 화랑이 있었다는 사실은 앞서 설명했었지. 오죽하면 신라

삼산관 반가사유상. 단지 시간과 공간만 달라졌을 뿐 나는 과거 경주에
서 김유신이 반가사유상을 바라보듯 동일한 반가사유상을 보고 있는 중
이다. 국립중앙박물관. ©Park Jongmoo

에서는 '미륵 = 화랑' 이라는 개념까지 등장했으니까.

특히 609년경 김유신의 화랑 시절을 살펴보면 그의 집단을 용화향도(龍華香徒)라 불렀으니, 오늘날 경주에서는 '용화향도' 라는 이름으로 창작 뮤지컬을 만들어 공연할 정도다. 그런데 여기서 용화(龍華)는 미륵이 용화수 아래에서 깨달음을 얻은 후 3번의 법회를 연다는 것에서 따온 것이며, 향도(香徒)는 조직체를 의미한다. 즉, '미륵을 위한 조직체' 라는 의미를 지니고 있었던 것.

당시 용화향도는 10대의 나이로 진골인 화랑 김유신과 그를 따르는 낭도 수백 명으로 구성되어 있었으며, 이들을 교육할 승려도 한 명 이상 함께했다. 이렇듯 용화향도는 어릴 적부터 만나 나이 들어 늙을 때까지 화랑 김유신을 중심으로 결속하며 인연을 이어갔다. 사실 김유신이 역사에 남긴 위대한 업적 역시 이들 낭도들이 함께하며 이룩한 것이기도 하다. 그렇다면 이들은 모임의 이름에서 드러나듯 미륵을 모신 사찰에서도 수행했을 텐데, 이 과정에서 혹시 국보 83호라 불렸던 '삼산관 반가사유상' 과 연결되는 인연이 있지 않았을까?

일제 강점기 시절 이왕가 박물관에 의해 소장된 '삼산관 반가사유상' 은 독립 후 국립중앙박물관장을 지내기도 한 황수영(黃壽永, 1918~2011년) 박사의 추적 조사를 통해 발견지가 경주 내남면 남산 서쪽 기슭의 사찰이라는 사실을 확인하게 된다. 더 정확히는 현재 경주 남산 삼불사(三佛寺)라는 사찰이 있는 장소다. 참고로 황수영 박사는 한국 고대사 및 불교 미술사의 학문적 초석을 닦은 엄청난 분이시지. 궁금하면 네이버에 황수영이라 쳐보도록 하자.

그런데 남산은 경주에서 무척 중요한 장소이니, 지금도 다양한 전설이 남아 있을 정도. 그런 만큼 김유신과 그를 따르는 낭도들도 당연히 경주 남산에서 종종 수련을 했을 것이다. 마침 7세기 초반에 제작된 '삼산관 반가사유상'이 위치한 남산의 사찰에도 자주 들러 기도와 수행을 겸했겠지. 93.5cm라는 금동반가사유상의 크기에서 풍기는 당당함 덕분에 당시 경주에 있던 여러 금동반가사유상 중에서도 손꼽히는 작품이었을 테니까.

상상이 꽤 가미된 내용이기는 하나, 어쨌든 난 개인적으로 '삼산관 반가사유상'은 김유신이 만나고 그 앞에서 기도와 수행을 했던 불상으로 생각하고 있다. 그리고 김유신 이후로도 신라가 사라질 때까지 수많은 화랑들은 종종 '삼산관 반가사유상'을 만나며 자신의 미래와 더불어 사회가 화랑에게 부여한 임무를 고민했을 것이다.

즉, 단지 시간과 공간만 달라졌을 뿐 나는 과거 경주에서 김유신이 반가사유상을 바라보듯 동일한 반가사유상을 보고 있는 중이다. 불교 세계관에 따르면 김유신과 나의 1400년 시간 차이도 현겁(賢劫)의 한 끝 차에 불과하니까. 그렇게 느끼니 바로 얼마 전 김유신이 반가사유상 앞에서 기도하는 장면이 절로 눈앞에 그려지는걸. 음. 이처럼 이 공간을 삼국 시대의 공간으로 상상해보니, 아주 잠시지만 참으로 멋진 경험을 한 듯하다. 석가모니와 큰스님들의 말에 의하면 수행을 통해 깨달음을 얻는 순간 전생의 삶도 느껴진다더니, 단지 반가사유상 앞에 오래 서 있었을 뿐인데도 삼국 시대 모습이 쭉 그려지는 것 역시 이와 유사한 것일지도 모르겠다. 혹시 김유신 낭도 중 저 구석에 있는 한 명이 나였나?

자, 이렇듯 마지막으로 신비한 감상을 완벽히 끝냈으니 박물관 밖으로 나가야겠군. 슬슬 집으로 가야 하니까. 박물관 입구를 나와 걸어서 지하철역까지 가 4호선을 타고, 내린 후 바로 마을버스를 타고 내려 다시 걸어가면 정확히 1시간 뒤 집 문 앞 비밀번호를 누르고 있겠지. 이 역시 찰나(刹那)의 미래를 잠시 그려본 결과다.

참, 그건 그렇고. 이제 1층으로 내려와 박물관 입구로 나가며 마지막 이야기를 더 하자면, 금과 청동의 결합은 반가사유상 뒤로도 계속 이어졌다. 특히 불교의 경우 새로운 불상이 유행하게 되는데, 아미타부처와 관세음보살이 그 주인공. 북위가 낙양으로 수도를 옮긴 후 룽먼 석굴을 건설했다는 이야기를 앞서 했는데, 당나라 시대에도 이곳에는 석굴이 계속 만들어졌거든. 그런데 14만 점에 다다르는 룽먼 석굴 불상 중 조상기(造像記)라 하여 기원한 내용과 만든 이의 이름, 시기 등이 새겨진 불상을 추려 조사해본 결과, 나름 시대별 유행하던 불상의 흐름을 파악할 수 있게 된다.

이처럼 조상기가 남겨진 불상을 통해 살펴보니 6세기 북위 시절에는 석가모니와 미륵이 주로 만들어졌으나, 7세기 당나라 시대로 오니 아미타부처와 관세음보살이 압도적으로 조성되었음이 밝혀졌다. 북위 시절에는 석가모니의 80% 정도 미륵과 석가모니의 25% 정도 아미타불이 만들어졌으며, 관세음보살 역시 아미타불과 숫자가 유사했다. 그러나 당나라 시대가 되니 아미타불이 석가모니의 12배, 미륵불의 10배 더 조성되었으며 관세음보살 역시 아미타불의 50% 수준으로 조성될 정도로 흥행했거든.

이는 중국이 5호 16국, 남북조 시대로 오랜 분열을 겪다가 통일 왕조인 당나라로 합쳐지며 혼란한 시기가 마감되자 벌어진 사건이었다. 아미타불은

룽먼 석굴. 조상기(造像記)를 통해 시대별 유행하던 불상의 흐름을 파악할 수 있다. 게티이미지

실존했던 석가모니를 바탕으로 구성된 극락부처를 상징하며, 다른 한편으로는 영원한 구원과 불법을 의미했다. 관세음보살은 극락에서 아미타불을 도우면서도 현실에 등장하여 많은 중생의 어려움을 도와주는 보살이다. 즉, 평화가 이어지는 시대가 열리면서 그 시대에 맞는 새로운 부처와 보살이 필요했던 것.

이는 한반도도 마찬가지였으니, 삼국이 하나가 되어 통일신라가 구성되면서 아미타불이 큰 인기를 얻게 된다. 이에 7세기 중반을 기점으로 아미타 사상이 크게 유행하기 시작했으며, 그런 만큼 이후로 아미타불 역시 불상으로 많이 만들어졌으니까. 금동불상의 예시로는 음… 그래. 불국사에 있는 국보 27호라 불렸던 금동아미타여래좌상이 있겠다. 마찬가지로 관세음보살 역시 7세기 중반을 기점으로 지금까지 한반도에서 가장 인기 있는 보살로 이어진다.

"나무아미타불 관세음보살(南無阿彌陀佛, 觀世音菩薩)"이라 하여 불교를 믿지 않는 이도 한 번쯤은 들어본 기도문 역시 7세기 중반을 기점으로 원효(元曉, 617~686년) 대사에 의해 크게 퍼진 경문이거든. 특히 원효는 어려운 불경 대신 '나무아미타불 관세음보살'만 외워도 극락에 갈 수 있다 했기에 불

경주 불국사에 있는 금동아미타여래좌상.

교를 접하는 문턱이 크게 낮아지게 된다. 그 결과 한반도 불교는 왕과 귀족을 위한 종교를 넘어 대중 종교로 널리 퍼진다.

그럼 앞으로는 어떤 모습으로 금과 청동의 결합이 계속 이어질까? 그 부분은 우리가 앞으로 살아가면서 직접 경험해보기로 할까? 그럼 이번 이야기는 이것으로 끝~

에필로그

　아주 오래 전부터 나는 국립중앙박물관에 대한 책을 한번 써보고 싶었으니, 그렇다면 '당연히 주인공은 국보 금동반가사유상으로 잡아야지.' 라며 막연하게 생각한 적이 있었다. 국립중앙박물관의 수많은 유물 중 감히 최고를 꼽는다면 국보 금동반가사유상이라 생각했기 때문. 그럼 2점의 금동반가사유상 중 최고는 무엇일까? 음. 그건 수백 번을 고민해보아도 못 고르겠군. 그러다 좋은 기회가 생겨 이렇듯 진짜로 반가사유상을 주제로 책을 쓰게 된다.
　한편 나는 10대 시절 할머니가 작게 편집된《묘법연화경(妙法蓮華經)》한 권을 주고 틈틈이 보라하여 꽤 열심히 반복해서 읽었는데, 불경을 펼쳐놓고 입으로 소리 내며 읽는 방식이 그것이다. 그런데 흥미롭게도 《묘법연화경》 속에서 종종 미륵이 등장하곤 했다.

> 그 때에 미륵보살 마하살이 부처님께 사뢰었다.
> "세존이시여, 만일 선남자 선여인이 이 법화경을 듣고 따라서 기뻐하는 이는 얼마만 한 복을 얻겠나이까."

《묘법연화경》 제6권 수희공덕품 제18

이렇게 미륵을 어릴 적부터 접하다 대학 시절에는 불교 동아리 활동을 했다. 그리고 불경에 등장하는 부처와 보살 모습이 궁금하여 슬슬 박물관을 다니기 시작했으니, 그때는 지금의 용산이 아닌 경복궁 서쪽에 국립중앙박물관이 있었다. 그곳에서 반가사유상을 직접 볼 수 있었는데, 너무나 아름다운 그 모습에 놀라운 감정이 드는 것이었다. "1000년도 더 이전의 삼국 시대에 이렇듯 살아 있는 듯 미소를 표현할 수 있었다니…. 사진으로 본 것과 실물은 완전히 다른 느낌이구나."

그 뒤로도 국립중앙박물관을 들를 때마다 반가사유상을 만났고, 이제는 충분히 익숙해졌음에도 불구하고 볼 때마다 참으로 멋진 작품으로 다가온다.

두 반가사유상이 함께 전시된 사유의 방. ©Park Jongmoo

참고로 경복궁에 국립중앙박물관이 있던 시기만 하더라도 유물 사진 촬영이 아예 금지였다는 사실. 박물관 직원의 주 임무가 다름 아닌 몰래 사진 촬영하는 사람을 제지하는 것이던 시절이었거든. 당연히 반가사유상 촬영 역시 불가능했다. 오직 눈으로만 담아야 했으니, 지금 국립중앙박물관 '사유의 방'에서 수많은 인파가 다양한 각도로 원하는 사진을 찍고 이를 개인 SNS에 올리는 것과는 천지 차이로군.

이처럼 금동반가사유상이 박물관에 전시되면서 금동으로 조성된 중요 미술품 중 하나로 인식되고 있지만, 사실 이 작품은 삼국 시대에는 종교적 예배라는 분명한 목적으로 만들어진 것이다. 그런 만큼 아무래도 불교 세계관을 이해하고 보면 더욱 반가사유상에 대한 이해가 깊어질 텐데, 그렇다고 너무 어렵게 설명할 수도 없는 노릇이고. 참으로 쉽지 않은 부분이다.

그래서 가능한 한 불교 이야기를 깊게 하기보다는 한반도 역사 흐름 속에서 금과 청동의 발전 과정을 살펴보고, 어느 정도 기술적 성장이 완비된 시점에 때마침 불교를 받아들인 과정을 따라가보기로 했다. 이미 한반도에 불상을 만들 수 있는 기술적 준비는 완비되어 있는 상황에서 불교 도입과 함께 불상 제작이 꽃을 피우게 된 것이니까.

덕분에 이미 갖추고 있는 기술력과 문화를 바탕으로 종교적 열의를 더해 삼국 시대 선조들은 놀라운 작품을 탄생시켰으니, 그것이 바로 금동반가사유상이라 하겠다. 한반도 청동기 시기부터 계산하면 1500년 이상, 금이 도입된 시기부터 계산하면 700년 이상의 경험이 축적되어 만들어진 결과물이지.

그리고 2점의 금동반가사유상은 1300여 년의 한반도 역사에서 살아남아 삼국 시대 선조들의 감각을 우리에게 잘 전달하고 있다. 그렇다면 우리들도 1300년 후의 우리 후손들 역시 금동반가사유상을 만날 수 있도록 다리 역할을 잘 해주어야겠지. 이렇듯 개인적으로는 단순히 현재 전시된 흥행하는 작품으로서가 아니라 한 시대를 대표하는 위대한 작품으로서 가능한 한 안전하게 미래 세대가 만날 수 있길 바랄 뿐이다. 이것이 두 국보 금동반가사유상을 지금처럼 서울에 모두 두고, 여기서 더 나아가 아예 2점을 함께, 하물며 보호 유리도 없이 공개하는 것을 반대하는 중요한 이유이기도 함.

국립중앙박물관이 튼튼하고 안전하다고? 조선 시대 위대한 작품을 가장 많이 보관해둔 경복궁이 평시에는 가장 안전했을지 모르나, 왜란 때 불타며 그 안에 보관한 물건도 몽땅 사라진 것을 기억해보자. 이처럼 중요한 보물을 한곳에 모아두면 앞으로 어떤 일이 생길지 아무도 모르거든.

또한 전쟁이 아니더라도 유물에 대한 개별적 파괴 행위는 지금도 종종 일어나는 현상이기도 하다. 국보 1호라 하여 누구나 중요한 유적으로 인식하던 숭례문임에도 2008년, 갑작스럽게 방화 사건은 왜 일어난 것일까? 해외 예를 보자면 루브르 박물관의 〈모나리자〉 유명세가 갈수록 커지자 1911년 도난당한 사건이 있었으며, 2022년에는 30대 남성에 의해 모나리자를 향해 케이크가 던져진 테러 사건도 발생했다. 2011년에는 이집트에서 시위가 벌어지는 과정에서 국립박물관이 털려 투탕카멘 금박 목상이 사라졌건만 아직도 찾지 못하고 있다. 이런 사건은 꾸준히 지금도 일어나고 있으며 그 누구도 예측하지 못한다. 무조건 다양한 예방을 미리 해놓아야만 갑자기 생길 문제를 방어할 확률이 높아질 뿐.

가만 생각해보면 통일신라 때부터 꾸준히 추진한 중앙 집권적 정치가 오히려 한반도 문물을 수백 년에 한 번씩 벌어지는 대란 때마다 대폭 사라지게 만든 원인 중 하나가 아닐까싶기도 하군. 수도에 모든 것을 묶어두려고 하다보니까 말이지. 반면 중앙 집권적 정치 체제가 우리보다 약했던 일본은 여러 사찰과 귀족 가문이 분배하여 문물을 보관했기에, 오늘날까지 고대 유물이 압도적으로 많이 남아 있거든.

오죽하면 지금도 일본의 수도에 위치한 도쿄국립박물관 역시 서울의 국립중앙박물관처럼 결코 일본 내 타 박물관에 비해 자국 유물의 압도적 규모와 소장을 자랑하지 않는다. 일본은 국내 여러 박물관이 자국 주요 유물을 어느 정도 분배하여 가지고 있음. 어쨌든 그렇다는 것. 마지막으로 한 번 더 이야기하고자 한다.

이제 목표했던 국립중앙박물관, 즉 반가사유상에 대해 쓴 책도 하고 싶은 말 다 넣어서 완성했으니, 다음으로는 무엇을 써야 할까? 음. 계속 고민해봐야지.

참고 문헌

"경주 신라 황남대총 북분 출토 금동못신 연구", 박수동, 울산대학교 사학회(2015).

《고구려 고분벽화》, 한성백제박물관, 한성백제박물관(2016).

"고구려(高句麗)와 모용선비(慕容鮮卑) 삼연(三燕)의 고분문화", 전호태, 동북아역사재단(2017).

"古代 韓半島 中部地域의 製鐵技術 硏究", 최영민, 한신대학교(2016).

"국내·외 고대 구리 제련기술 및 유적에 대한 문헌적 고찰", 김소진·이은우·황진주·한우림, 국립문화재연구원(2015).

《낙랑군 연구》, 오영찬, 사계절(2006).

"무덤의 변화양상을 통해 본 부여사 전개과정 고찰", 이종수, 한국고대학회(2009).

《미륵과 도솔천의 도상학》, 고혜련, 일조각(2011).

《百濟의 冠》, 국립공주박물관, 국립공주박물관(2011).

"북제 북향당산석굴 북대굴(9굴)과 경주 골굴석굴 비교연구", 강삼혜, 한국불교미술사학회(2020).

"北響堂山石窟에 있어서의 北齊樣式의 성립에 대하여", 정예경, 국립문화재연구원(1997).

"北響堂石窟 北洞의 轉輪聖王 상징", 소현숙, 한국미술사학회(2007).

《선진국 문화재 보존·관리 규범현황 및 내용에 관한 연구 2014》, 심경미·차주영·임유경·허윤아, 문화재청·건축도시공간연구소(2014).

《송화강유역 초기철기문화와 부여의 문화기원》, 이종수, 주류성(2009).

"始皇帝と大兵馬俑", 東京國立博物館(2015).

"신라 흥륜사 彌勒像과 황룡사 丈六尊像 그리고 진흥왕과 거칠부", 노중국, 동국대학교 신라문화연구소(2016).

"신라고분 속 외래문물의 조사와 연구", 이한상, 중앙문화재연구원(2010).

"新羅冠의 양식변화와 자립화 시기 신라정치- 황남대총남분 출토 신라관들을 중심으로-", 김정희, 동국대학교(경주캠퍼스) 신라문화연구소(2019).

"신라의 황금문화와 불교미술", 국립경주박물관(2015).

"양 무제의 아육왕 전승 구현과 고대 동남아시아", 주경미, 서울대학교 인문학연구원(2012).

"유가유식종파의 신라 수용과 봉황리 마애 미륵보살 반가유상군 및 고구려식 대(大)마애교각미륵불상의 종합적 연구", 문명대, 한국불교미술사학회(2021).

《인도불교의 역사 (상), (하)》, 히라카와 아키라, 민족사(2004).

"일본의 고훈문화", 국립경주박물관(2015).

"조선후기 백동의 재료 구성과 변화", 공상희, 국립문화재연구원(2019).

"중국 남북조시대 불교조각을 통해 본 고구려 연가(延嘉) 7년명 금동여래입상", 최성은, 한국고대학회(2017).

"中國 東北地域의 靑銅器文化와 古朝鮮의 位置 變動", 조진선, 단국대학교 동양학연구원(2014).

《중국 북제 북주 불상연구》, 정예경, 혜안(1998).

"中國 山東 靑州지역 一光三尊佛 硏究", 양수미, 이화여자대학교(2006).

《중국불교 (상)》, K.S. 케네쓰 첸, 민족사(1994).

《중국사》, 미야자키 이치사다, 역민사(1983).

"중국의 석굴-운강·용문·천룡산석굴", 국립가야문화재연구소(2003).

《중국의 역사-위진남북조》, 가와카쓰 요시오, 혜안(2004).

"청동 무기류의 성분조성 및 미세조직을 통한 제작기법 연구", 황진주, 국립문화재연구소(2010).

"초기 대승불교와 보살상", 이주형, 미술사와 시각문화학회(2015).

《평양 석암리 9호분》, 이나경·주경미·정인성·박

경도 · 장은정 · 이양수 · 이태희 · 노지현 · 박영만 · 김은영, 국립중앙박물관(2018).

"한국 고대 불교조각의 허물어진 '경계' : 국보 제78호 반가사유상", 임영애, 한국불교미술사학회(2015).

"Age of Empires: Art of the Qin and Han Dynasties", The Met(2017).

일상이 고고학 나 혼자 국립중앙박물관

1판 1쇄 발행 2022년 7월 7일
1판 3쇄 발행 2024년 8월 5일

지은이 황윤
펴낸이 김현정
펴낸곳 책읽는고양이 / 도서출판리수

등록 제4-389호(2000년 1월 13일)
주소 서울시 성동구 행당로 76 110호
전화 2299-3703
팩스 2282-3152
홈페이지 www.risu.co.kr
이메일 risubook@hanmail.net

ⓒ 2022, 황윤
ISBN 979-11-86274-89-7 03910